Lehr- und Studienbriefe Kriminalistik / Kriminologie

Herausgegeben von

Horst Clages, Leitender Kriminaldirektor a.D.,
Wolfgang Gatzke, Direktor LKA NRW a.D.

Band 17
Grundlagen der Kriminaltechnik II

von
Christoph Frings
Frank Rabe

VDP | VERLAG DEUTSCHE POLIZEILITERATUR GMBH
Buchvertrieb

Bibliographische Information der Deutschen Nationalbibliothek

Die Deutsche Nationalbibliothek verzeichnet diese Publikation in der Deutschen Nationalbibliographie; detaillierte bibliographische Daten sind im Internet über http://dnb.d-nb.de abrufbar.

www.vdpolizei.de

2. Auflage 2016

Satz: VDP GMBH Buchvertrieb, Hilden
Druck und Bindung: Griebsch & Rochol Druck, Hamm
Printed in Germany
ISBN 978-3-8011-0774-1

Vorwort

Mit Band 17 der Lehr- und Studienbriefe Kriminalistik/Kriminologie „Grundlagen der Kriminaltechnik II“ setzen wir die aufgrund der thematischen Fülle und des umfangreichen Bildmaterials auf zwei Bände angelegte Darstellung fort.

Dieses Buch richtet sich in erster Linie an Studierende der Polizeifachhochschulen des Bundes und der Länder sowie an Beamtinnen und Beamte des Wach- und Wechseldienstes und der kriminalpolizeilichen Ermittlungspraxis und deckt dabei das notwendige Fachwissen für das Fach Kriminaltechnik ab.

Zum besseren Verständnis haben wir die verwendeten Fachbegriffe durch griffige Beispiele erläutert. Vorangestellt wurde hierzu ein Leitsachverhalt. Am Ende dieses Bandes „Grundlagen der Kriminaltechnik II“ finden Sie eine Komplettlösung zur Aufgabenstellung. In den jeweiligen Fachkapiteln wird zur Erläuterung der jeweiligen Beispiele (kursiv geschrieben) immer Bezug auf den Leitsachverhalt genommen.

Als Autoren haben wir uns am fachlichen Sprachgebrauch der „Anleitung Tatortarbeit – Spuren“ (ATOS) orientiert, die durch das Bundeskriminalamt herausgegeben wurde.

Bei den Organisations- und Ablaufstrukturen sind die Gegebenheiten in Nordrhein-Westfalen zugrunde gelegt. Diese können sich im Hinblick auf andere Bundesländer unterscheiden.

Frank Rabe   Christoph Frings

Inhalt

Im vorhergehenden Band **Grundlagen der Kriminaltechnik I** sind abgedruckt:

Zur Einführung
- Kriminaltechnik als Fachdisziplin der Kriminalwissenschaften
- Leitsachverhalt

1 **Begriffsbestimmungen**
1.1 Spurenbegriffe
1.2 Spurenarten
1.3 Fachdienststellen im Bereich der Kriminaltechnik
1.4 Beweiswert und Beweiskraft

2 **Spurensuche**
2.1 Tatort
2.2 Sicherungs- und Auswertungsangriff
2.3 Grundsätze der Spurensuche
2.4 Systematik der Spurensuche
2.5 Hilfsmittel der Spurensuche

3 **Grundlagen der Spurensicherung**
3.1 Dokumentation der Spuren/Spurenlage
3.2 Tatorvermessung
3.3 Allgemeine Grundsätze der Spurensicherung

4 **Einzelspuren**
4.1 Menschliche Ab- und Eindruckspuren
4.2 Technische Formspuren

Im vorliegenden Band **Grundlagen der Kriminaltechnik II** sind abgedruckt:

Vorwort ... 3

Zur Einführung
- Leitsachverhalt ... 7

4.3 Sonstige Formspuren ... 10
4.4 Besondere Spurenkomplexe ... 17
4.4.1 Körperzellenhaltige Spuren ... 17
4.4.2 Haare ... 34
4.4.3 Textile Fasern ... 38
4.4.4 Biologische Vegetationsspuren ... 43
4.4.5 Sonstige Materialspuren ... 44
4.5 Schuss- und Schusswaffenspuren ... 44
4.5.1 Schusswaffen ... 45
4.5.2 Munition ... 56
4.5.2.1 Hülse ... 57
4.5.2.2 Geschoss ... 62
4.5.2.3 Schrotgeschosse ... 66

4.5.3 Schussspuren ... 68
4.5.3.1 Schussrückstände (GSR) ... 68
4.5.3.2 Einschuss/Ausschuss ... 74
4.5.3.3 Schussentfernungsbestimmung ... 76
4.5.3.4 Schussrichtungsbestimmung ... 78

4.6 Geruchsspuren ... 78
4.6.1 Mantrailing-Hunde ... 79
4.6.2 Personenspürhunde ... 80
4.6.3 Polizeilicher Einsatz von Mantrailern und Personenspürhunden . 80
4.6.4 Geruchsspurenvergleichshunde ... 81

4.7 Schriften ... 85

4.8 Stimmen ... 86

4.9 Chemische Fangmittel ... 87

4.10 Digitale Spuren ... 94
4.10.1 Einführung ... 94
4.10.2 Begriffserläuterung ... 95
4.10.3 Untersuchungsziele ... 95
4.10.4 Spurenart ... 96
4.10.5 Spurensuche/Sicherungsangriff ... 96
4.10.6 Beweiswert ... 99
4.10.7 Spurensicherung ... 101
4.10.8 Spurenauswertung ... 105

5 Brandspuren ... 106
5.1 Brandzehrung, Pyrolyseprodukte (Rußablagerungen) und Putzabplatzungen ... 110
5.2 Brandbeschleunigungsmittel ... 114
5.3 Brandspuren an Personen ... 118

6 Anhang ... 119
6.1 Beispielschema für Tatortbefundbericht ... 119
6.2 Lösungsskizze zum Leitsachsachverhalt ... 120

Zu den Autoren ... 136
Quellenverzeichnis ... 137
Abbildungsverzeichnis ... 141
Stichwortverzeichnis ... 143

Zur Einführung: Leitsachverhalt

1.1 Allgemeine Lage

Im Zuständigkeitsbereich des Polizeipräsidiums Münster gibt es derzeit keine Sexualdelikte mit einem auffälligen Modus Operandi. Sexuelle Gewaltdelikte werden im Kriminalkommissariat 12 der Direktion Kriminalitätsbekämpfung bearbeitet.

1.2 Besondere Lage

Am 21.12.2014 geht gegen 18.30 Uhr auf der Leitstelle MORITZ der Notruf des

Herrn
Egon Müller
Münster-Hiltrup, Marktallee 15f[1]

ein. In diesem Notruf berichtet er, dass versucht worden sei, eine junge Hausbewohnerin zu vergewaltigen. Er habe den Täter jedoch verscheucht.

Die erste Funkstreifenwagenbesatzung trifft gegen 18.35 Uhr am Tatort ein.

Durch die eingetroffenen Kräfte werden folgende Feststellungen getroffen:

Vor Ort hat offensichtlich ein versuchtes Sexualdelikt stattgefunden. Geschädigt ist die

Jale Peksoy
Geb. 02.11.1995/Sarkoy (Türkei)
Münster-Hiltrup, Marktallee 15f
Bankkauffrau

Das Wohn-/Geschäftshaus Marktallee 15f liegt an der Geschäftsstraße des Ortes Münster-Hiltrup. Es handelt sich hierbei um ein 5-geschossiges Wohn-/ Geschäftshaus. Das Gebäude macht einen gepflegten Gesamteindruck. Es liegt direkt an der Straße Marktallee, durch eine Hofdurchfahrt gelangt man zu Fuß oder mit dem Pkw auf einen hinter dem Haus gelegenen, gepflasterten Parkplatz (Größe für ca. 40 Pkw, Gelände ohne höhere Bepflanzung).

Sowohl von der Gebäudevorderseite als auch dem Parkplatz gelangt man in den Hausflur. In der Zeit von 7 – 19 Uhr ist die Haustüre nicht verschlossen. Das Ladenlokal im Erdgeschoss verfügt über einen separaten Eingang.

In dem Gebäude befinden sich in jeder Etage insgesamt zwei Wohnungen. Die Wohnung der Geschädigten und ihrer Eltern liegt in der obersten Etage. Im Treppenhaus der jeweiligen Etage befinden sich die Sicherungskästen für die Stromversorgung. Diese sind in Stahlblechausführung gefertigt und mittels eines kleinen Rundzylinderschlosses gesichert. Die Wohnungseingangstüren sind Standardware mit Türspion und Sicherheitsbeschlägen.

Bei der Wohnung der Geschädigten und ihrer Eltern handelt es sich um eine ca. 90 m^2 große Vierzimmerwohnung mit Küche, Diele, Bad und separatem WC.

Die Geschädigte gibt in einer ersten Befragung gegenüber der Streifenwagenbesatzung an, dass sie gegen 18.20 Uhr plötzlich bemerkt habe, wie in der Wohnung das Licht ausgegangen sei. Zu diesem Zeitpunkt habe sie sich in ihrem Zimmer aufgehalten. Sie habe dann zunächst probiert, ob eventuell nur die Lampe defekt sei. Da in der Wohnung aber kein Licht mehr funktionierte, habe sie die Woh-

1 Sämtliche Personendaten im Sachverhalt sind fiktiv.

nungstüre geöffnet, um nach den Sicherungen zu schauen. Im Hausflur habe zu dieser Zeit kein Licht gebrannt.

Urplötzlich habe sie dann ein dunkel gekleideter Mann gepackt und in die Wohnung zurückgedrückt. Das Gesicht habe sie nicht erkennen können, da er mit einer schwarzen Skimaske mit Gesichtsausschnitt maskiert gewesen sei. Der Mann habe ihr dann ein Messer vors Gesicht gehalten und sie mit der anderen Hand vorne am Hals gepackt und ihr die Luft abgedrückt, sodas sie nicht schreien konnte. Er habe sie dann mit vorgehaltenem Messer in das erste Zimmer hinter der Wohnungstüre geschoben. Dies sei eigentlich das Zimmer ihres 11-jährigen Bruders.

Dort habe er sie auf die Jugendliege gedrückt und im gebrochenen Deutsch gefordert: „Ich will jetzt Sex mit dir, wenn du weiterleben willst, hältst du die Klappe!“ Anschließend habe er ihr den Rock hochgeschoben und den Slip heruntergerissen.

Bevor der Täter die Hand von ihrem Hals genommen habe, habe er gedroht: „Ich nehme jetzt die Hand von deinem Hals, wenn du schreist bist du tot.“ Danach habe der Täter die Hand von ihrem Hals genommen. Im Wohnungsflur habe sie dann einen Lichtschein bemerkt. Sie habe im Treppenhaus gehört, dass ihr Nachbar, Herr Müller, aus seiner Wohnung ins Treppenhaus getreten sei. Sie habe die Chance genutzt, laut um Hilfe geschrien und mit den beschuhten Füßen nach dem Täter getreten. Daraufhin habe der Täter die Flucht ergriffen.

Abb. 1: Verwendete Tatwaffe mit blutsuspekten Anhaftungen an Klinge und Messergriff

Bei einer ersten Inaugenscheinnahme des Tatortes durch die Beamten des Streifendienstes wird auf dem Fußboden des Tatzimmers ein sog. Ausbeinmesser (Küchenmesser mit ca. 15 cm langer Klinge/Standardware) gefunden. An dem Messer sind Blutanhaftungen feststellbar, obwohl die Geschädigte keine blutende Verletzung davongetragen hat. Vor der Jugendliege wird weiterhin ein Damenslip gefunden, der am rechten Beinausschnitt eingerissen ist. Weiter liegt vor der Jugendliege ein Päckchen original verpackter Präservative, die offenbar nicht der Geschädigten oder ihrem Bruder gehören. Erkennbar ist der Preisaufkleber der Kanal-Apotheke. Diese befindet sich ca. 500 m vom Tatort entfernt. Unter der

Jugendliege findet sich ein schwarzes Smartphone der Marke HTC. Das Handy befindet sich offenbar im eingeschalteten Zustand. Die Geschädigte gibt an, dass es sich weder um ihr Handy, noch um das ihres Bruders handelt.

Am Hals der Geschädigten ist im Kehlkopfbereich eine deutliche, ca. 10 x 15 cm große, ovale, ausgeprägte Hautrötung mit Unterblutungen erkennbar.

Die Blechtüre des Sicherungskastens für die Tatwohnung steht offen. Sowohl an der Seitenwand des Sicherungskastens als auch an dessen Blechtüre befinden sich mehrere, ca. 10 mm breite, Hebelmarken eines flachen Werkzeuges. Zurzeit befindet sich die Geschädigte in der Wohnung des Zeugen Müller. Die Wohnung selbst und mögliche Spuren am Sicherungskasten werden durch eine Streifenwagenbesatzung abgesichert. Die Geschädigte war zum Tatzeitpunkt alleine in der Wohnung, ihre Eltern und ihr 11-jähriger Bruder waren für drei Wochen in die Türkei gereist.

Die Arbeitsstelle der Geschädigten befindet sich im Gebäude Marktallee 115 (Entfernung zur Wohnung ca. 1.000 m).

2 Auftrag

2.1 Erläutern Sie im Rahmen der kriminalistischen Fallanalyse jeweils die Tatsituation und die Beweissituation.

2.2 Erläutern Sie, welche Ermittlungsmaßnahmen im Rahmen des Auswertungsangriffs durch die Kriminalwache zu treffen bzw. zu veranlassen sind.

3 Fortsetzung des Sachverhaltes

Im Rahmen der weiteren Ermittlungen kann durch das Kriminalkommissariat 12 der bereits wegen bewaffneten Raubes auf Tankstelle und wegen sexueller Nötigung in Erscheinung getretene

Horst Seemann
* 01.02.1961/Meerstadt
A-Stadt, Weseler Straße 363a

ermittelt werden.

Im Rahmen der Wohnungsdurchsuchung wird bei dem Beschuldigten keine Tatbekleidung gefunden. In der oberen Schublade der Flurkommode kann durch die Durchsuchungskräfte eine halbautomatische Selbstladepistole

Walther PPK, Kaliber 7,65 mm,
Waffennummer 675 876

aufgefunden werden. Das Magazin der Waffe ist mit sieben Schuss gefüllt. Eine entsprechende Erlaubnis zum Besitz der Waffe hat Seemann nicht, daher werden die Schusswaffe und die Munition durch die Beamten beschlagnahmt.

Weiter werden in der Schublade eine schwarze Skimaske, mehrere Schraubendreher von unterschiedlicher Breite und eine Polygripzange gefunden.

4.3 Sonstige Formspuren

Neben den in Band I bereits erläuterten Schuh- und Reifenspuren bieten sich generell alle Arten von Formspuren für kriminaltechnische Untersuchungen an. Die Voraussetzungen unterscheiden sich in keiner Weise von den bekannten Ausführungen in Kapitel 4.2.1 und 4.2.2. Entscheidend für eine Identifizierung sind die Abbildung und Herausarbeitung von Individualmerkmalen, entweder fertigungsbedingt oder durch Gebrauch verursacht. Kriminalistisch bedeutsam sind diesbezüglich beispielsweise Handschuhspuren, Abdrücke von Stoff (z.B. Jeans), Faltenwurf von Kleidungsstücken oder Passstücke, bei denen der Nachweis erbracht werden soll, dass zwei oder mehrere Teile ursprünglich zusammengehörten.

Allgemeine Beweiskraft

Handschuhspuren

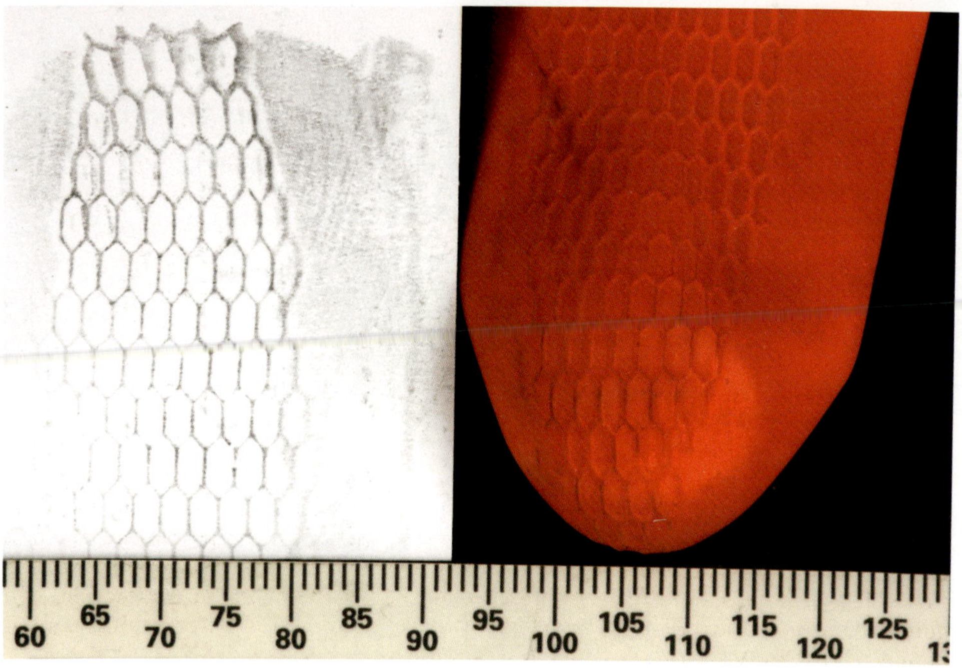

Abb. 2: Handschuhspur

Handschuhspuren am Tatort geben grundsätzlich Hinweise über die Anzahl der Täter (→ Situationsspur) und ermöglichen eine Gruppenbestimmung hinsichtlich der Handschuhart. Abbildung 2 zeigt einen Haushaltsgummihandschuh und eine typische Spur dieser Handschuhart. Leder-, Einweghandschuhe oder genoppte Handschuhe verursachen ebenfalls spezifische Spurenbilder.

Liegen potenzieller Täterhandschuh und gesicherte Tatortspur für eine vergleichende Untersuchung vor, kann der Handschuh im Idealfall als Spurenverursacher identifiziert werden. Welche Person ihn zur Tatzeit getragen hat, steht damit natürlich noch nicht fest. Allerdings sind Handschuhe regelmäßig auch

Träger serologischer (DNA) und hin und wieder auch daktyloskopischer Spuren, über deren Zuordnung zum Spurenverursacher zumindest Ermittlungsansätze erarbeitet werden können.

Glasbruch

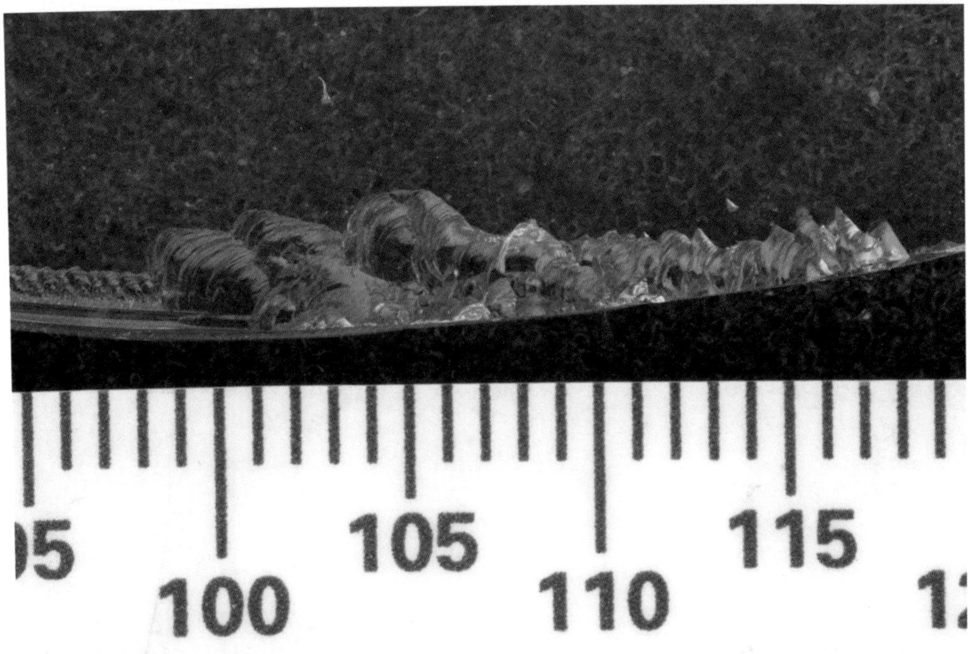

Abb. 3: Scherbe einer eingeschlagenen Scheibe

Bei eingeschlagenen Scheiben kann sich die Frage nach der Schlagrichtung stellen. Wurde sie von innen oder außen eingeschlagen? Kann der Verdacht einer Vortäuschung erhärtet oder ausgeräumt werden? Landläufig wird in solchen Fällen auf die Lage der Scherben geachtet. Liegen sie innen oder außen? Diese Feststellung kann allenfalls einen Hinweis geben. Weniger banal und dennoch genauso simpel, aber deutlich zuverlässiger, geben die im Fenster zurück gebliebenen Scherben Auskunft.

Die dem Schlag entfernte Seite zeigt deutlich sichtbare lamellenartige Abplatzungen (Wallnerlinien). Diese Spuren fehlen auf der Fensterseite, von der aus geschlagen wurde. Die Feststellung der ursprünglichen Außen- und Innenseite kann nicht allein anhand der vor oder hinter dem Fenster liegenden Bruchstücke erfolgen, sondern muss über die im Flügelfries zurückgebliebenen Scherben erfolgen. In solchen Fällen muss die Einbaurichtung der verbliebenen Glasbruchstücke im Zuge der Spurensicherung zwingend gekennzeichnet und dokumentiert werden. Für die Rekonstruktion der Schlag-/Angriffsrichtung und die Reihenfolge der Angriffspunkte (Schläge oder Schüsse) müssen möglichst alle Scherben gesichert werden. Die Scheibe wird zur Untersuchung wieder zusammengesetzt und die Rekonstruktion erfolgt anhand der von den Bruchzentren ausgehenden Bruchlinien und der Wallnerlinien.

Passstücke

Abb. 4: Schließzylinder

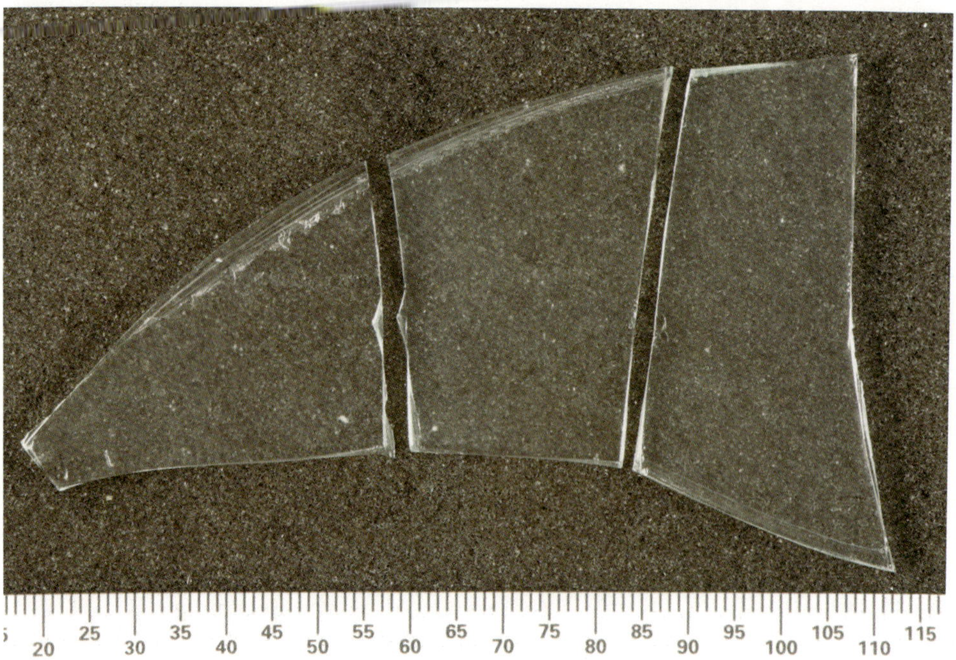

Abb. 5: Glasscherben

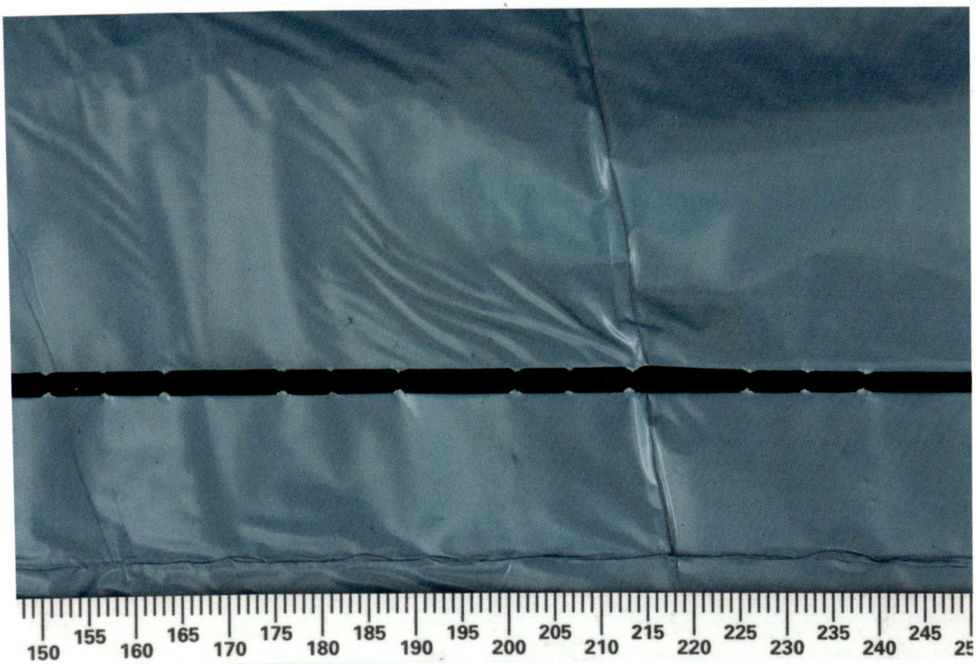

Abb. 6: Blausäcke

Anhand der Bruchkanten von Passstücken kann der Nachweis erbracht werden, dass zwei oder mehrere Teile ursprünglich zusammengehört haben. Abbildung 4 zeigt die an der Bohrung für die Stulpschraube auseinandergebrochenen Hälften eines Profilschließzylinders.

In Abbildung 5 werden Glasscherben anhand der Bruchkanten wieder zusammengefügt. Die Abrisskanten eines blauen Müllsackes und der dazugehörenden Rolle lassen mit gewissen Einschränkungen den Nachweis zu, ob ein einzelner Sack zuvor mit der Rolle verbunden war oder nicht (Abb. 6).

Der Nachweis, dass ein bestimmter Müllsack mit einer Restrolle verbunden war, welche Säcke von ein und derselben Rolle stammen, ja sogar die Reihenfolge der Säcke an der Rolle lässt sich anhand anderer Parameter wesentlich präziser bestimmen. Die nachfolgend beschriebene Untersuchungsmethode hängt wesentlich vom Herstellungsprozess und dem verwendeten Material ab.

Die Herstellung erfolgt mit Recyclingmaterial, aus dem eine lange Plane gefertigt wird. Diese „Endlosplane“ wird maschinell zu einem Schlauch gefaltet und läuft auf einer Art rotierenden Keule. Die zu einem Schlauch gefaltete Plane läuft zunächst über einen Schweißbalken, der für die Verschließungen am Sackboden sorgt und anschließend an einem Perforationsmesser vorbei, das die Sollbruchstellen erzeugt (Rotationsperforation).

Die Fertigungsmaschinen erzeugen aufgrund von Verschmutzungen dunkle Streifen, die sich über die gesamte Schlauchlänge ziehen und sich folglich kontinuierlich von Müllsack zu Müllsack fortsetzen. Dabei handelt es sich um eine Art ungewollten, zufälligen Strichcode, ähnlich einem überdimensionalen Barcode, der sich in Erscheinungsbild, Ausprägung und Größe für alle Säcke einer Rolle identisch darstellt. Die „Strichcodes“ anderer Rollen, die entweder auf einer anderen Maschine oder in einer anderen Kalenderwoche gefertigt wurden, unterscheiden sich in diesen Merkmalen deutlich.

Die Streifen erscheinen bei allen auf einer Rolle miteinander verbundenen Säcken nahezu deckungsgleich, verschieben sich aber aufgrund des dynamischen Fertigungsprozesses (Rotation) dahingehend, dass beim Vergleich zweier ursprünglich nicht verbundener Säcke ein deutlicher Versatz erkennbar ist. Je größer der Abstand auf einer Rolle, desto deutlicher zeigt sich der Streifenversatz. Abbildung 7 zeigt auf der linken Seite die Fortsetzung des Strichmusters bei zwei fortlaufenden, auf der Rolle zusammenhängenden Säcken und auf der rechten Seite bei zwei Säcken, die ursprünglich nicht miteinander verbunden waren. Auf der rechten Seite ist zu erkennen, dass es sich bei Erscheinungsbild und Ausprägung um das gleiche Strichmuster handelt, das Strichmuster von dem einen zum anderen Müllsack aber versetzt ist. Die zu untersuchenden Müllsäcke wurden zur Untersuchung aufgetrennt und im Durchlicht mit Maßstab fotografiert.

Abb. 7: Müllsäcke mit „Strichcode“

Individueller Faltenwurf von Kleidungsstücken

Abb. 8: Faltenwurf und Abnutzung einer Jeans

Testreihen haben gezeigt, dass der Faltenwurf und die Abnutzung von Kleidungsstücken einerseits in Bezug auf den Träger, andererseits in Bezug auf das Kleidungsstück, Individualcharakter haben und diese Art von Formspuren vergleichende Untersuchungen mit dem Ziel der Identifizierung zulassen.

In der Praxis gelang es mehrfach, Täter, die bei Tatausführung fotografiert worden waren, über den Faltenwurf und die Abnutzung ihrer Jeanshose zu überführen. Voraussetzung ist ein Lichtbild von guter Qualität aus einer Überwachungskamera, das es zulässt, Details herauszuarbeiten, die sich an der infrage kommenden Jeans ebenfalls darstellen. Im Idealfall kann das Kleidungsstück als das auf den Tatortaufnahmen abgelichtete identifiziert werden.

Konkreter Beweiswert

Ob mit Hilfe der über die Untersuchung der besonderen Formspuren zu beantwortenden Fragestellungen im Einzelfall die Täterschaft einer bestimmten Person bewiesen werden kann, ist gerade hier von der jeweiligen Fallkonstellation abhängig. Der bei einem Tatverdächtigen gefundene und als Spurenverursacher identifizierte Handschuh hat sicherlich einen hohen Stellenwert in der Beweiskette, welchen, hängt aber von der Würdigung der Gesamtumstände ab.

Der Nachweis, dass eine Scheibe eben nicht von außen, sondern von innen eingeschlagen wurde, beweist selbstverständlich, dass sich das Tatgeschehen anders darstellt, als der Geschädigte der Polizei schildert. Wie es sich aber abgespielt hat, müssen weitere Ermittlungen ergeben.

Wird der Müllsack, in dem am Tatort die Beute zum Abtransport bereitgestellt wurde, aber dort zurückbleiben musste, weil die Täter gestört wurden, einer Rolle zugeordnet, die bei der Wohnungsdurchsuchung eines Tatverdächtigen gefunden wird, hat auch das einen hohen Stellenwert. Inwiefern letztendlich die Tatausführung bewiesen werden kann, hängt auch hier vom Einzelfall ab.

Gleiches gilt für die Identifizierung von bei der Tatausführung getragenen Kleidungsstücken. Oftmals liefern die Untersuchungsergebnisse Anhaltspunkte für weitere Maßnahmen und erlangen ihren hohen Beweiswert in Kombination mit anderen Ergebnissen des Personal- und Sachbeweises.

Spurensicherung

Die Sicherung richtet sich im Einzelfall nach der Art und Beschaffenheit der Spur. Für Handschuhspuren gelten die Grundsätze der Daktyloskopie. Für die Untersuchungen von Glasbruchkanten sollten die Scherben im Original vorliegen. Im Einzelfall kann aber eine fotografische Dokumentation ausreichend sein. Passstückuntersuchungen erfolgen immer anhand der Originalteile.

Für die Erstellung von Jeansgutachten und anderen Kleidungsstücken liegen in der Regel naturgemäß lediglich digitale Lichtbilder vor. Erstrebenswert für die Untersuchung sind Kopien der Originaldatensätze in höchstmöglicher Auflösung und unkomprimiert.

Vergleichsmaterial

Notwendiges Vergleichsmaterial ist immer im Original zu beschaffen. Der mit der Untersuchung beauftragte Sachverständige fertigt nach eigener Maßgabe eventuell notwendige Vergleichsspuren oder Lichtbilder.

Spurenauswertung
Untersuchungsanträge und Untersuchungsmaterial sind der Untersuchungsstelle über die zuständige KTU zu übersenden, vorzugsweise dem Landeskriminalamt oder dem BKA, wenn deren personelle und materielle Infrastruktur die notwendige Untersuchung zulässt. Anderenfalls können externe Institute oder freie Sachverständige beauftragt werden.

4.4 Besondere Spurenkomplexe

4.4.1 Körperzellenhaltige Spuren

Wo immer der Mensch sich aufhält, hinterlässt er biologisches Material, sei es unbewusst und ungewollt, sei es bei der Körperpflege und Notdurftverrichtung oder infolge von Verletzungen. Die „feuchte Aussprache", der Verlust von Haaren und Schuppen, das Niesen, der Griff an die eigene Nase, den Mund oder die Augen, die blutende Wunde, all das sind Reflexe und Handlungen, die den Verlust von Material zur Folge haben, das Körperzellen enthält. Die Besonderheit dieser in der Literatur auch hin und wieder als **serologische Spuren** bezeichneten Hinterlassenschaften liegt darin, dass sie häufig ohne Hilfsmittel nicht sichtbar sind und man sich gegen diese Vorgänge kaum schützen kann, weder als Straftäter noch als Spurensicherer. Abbildung 9 zeigt eine Übersicht der laut Anleitung Tatortarbeit/-spuren [2] unter dem Begriff **körperzellenhaltige Spuren** subsumierten biologischen Materialien und Körperregionen, die ihrerseits Spurenträger von Zellmaterial sein können.

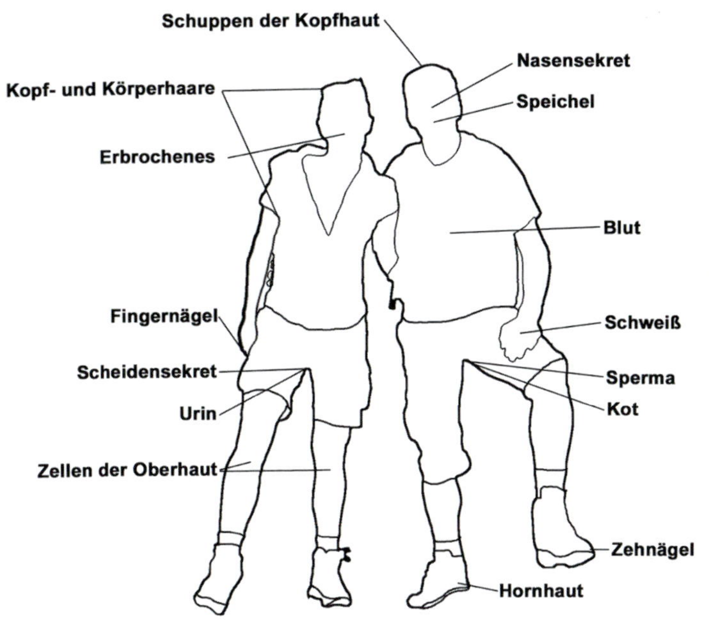

Abb. 9: Körperzellenhaltiges und Zellen übertragendes Material

2 BKA, Anleitung Tatortarbeit – Spuren, Ziff. 7.

Aufgrund der Zielgruppe dieses Buches soll hier durch die Autoren kein umfassendes Grundlagenwissen zur DNA-Analytik selbst vermittelt werden, da dies für die polizeiliche Tatortarbeit nicht erforderlich ist.

Zellmaterial enthält generell einen Zellkern, in dem das menschliche Erbgut in Form von Chromosomen gespeichert ist, deren Grundstruktur durch die **D**esoxyribo**n**ukleinsäure (DNS) (englisch DNA: **d**eoxyribo**n**ucleic **a**cid) gebildet wird. Die Analyse der im Spurenmaterial enthaltenen DNA, die in Europa nach einem einheitlichen Standard durchgeführt wird, ermöglicht die eindeutige Identifizierung von Spuren und Spurenlegern.

Das Ergebnis einer DNA-Analyse wird in Form eines **DNA-Identifizierungsmusters** dargestellt, aus dem biostatistisch eine Wahrscheinlichkeitsaussage hinsichtlich der Spurenverursachung errechnet wird. Das Identifizierungsmuster besteht aus den Ergebnissen der untersuchten Merkmalssysteme **(Allele)** [3]. Aktuell wird die DNA nach europäischem Standard in 16 Systemen untersucht, während der deutsche Standard bei 17 Systemen liegt. Vereinfacht ausgedrückt bedeutet das, dass die DNA schlichtweg an 16 bzw.17 definierten Stellen untersucht wird. Die folgende Abbildung 10 zeigt ein fiktives Beispiel eines DNA-Identifizierungsmusters mit 17 untersuchten Systemen, inklusive X/Y-Allele (Geschlechtsmerkmale).

SE33		D21S11		VWA		TH01		FIBRA		D3S1358		D8S1179		D18S51	
All.1	All.2	All.1	All.2	All.1	All.2	All.1	All.2	All.1	All.2	All.1	All.2	All.1	All.2	All.1	All.2
17	32.2	28	29	17	17	6	9	23	23	15	17	11	13	15	17

D1S1656		D2S441		D10S1248		D12S391		D22S1045		D16S539	
All.1	All.2	All.1	All.2	All.1	All.2	All.1	All.2	All.1	All.2	All.1	All.2
16	16	14	14	13	13	20	20	15	16	12	12

DNA-Muster

D2S1338		D19S433		AMEL							
All.1	All.2	All.1	All.2	All.1	All.2	All.1	All.2	All.1	All.2	All.1	All.2
23	26	14.2	14.2	X	Y						

Abb. 10: DNA-Identifizierungsmuster mit 17 untersuchten Systemen

Die Möglichkeit der Individualzuordnung einer Spur zu einer Person unterlag allerdings bisher der Einschränkung, dass sich die DNA-Identifizierungsmuster bei eineiigen Geschwistern nicht voneinander unterscheiden lassen, sodass rein wissenschaftlich alle der gleichen Einzelle entstammenden Geschwister als Spurenleger in Betracht kamen. Der Beweis der Täterschaft oder der Ausschluss mussten somit auf andere Weise erfolgen.

Ein Team von Eurofins Scientific, einem Anbieter für Genomik-Dienstleistungen in Ebersberg, veröffentlichte im März 2014 unter Federführung von Privatdozent Dr. Burkhard Rolf und Dr. Jacqueline Weber-Lehmann in der Fachzeitschrift „FSI-Genetics" einen Artikel, wonach es erstmals gelungen sei, eineiige Mehrlinge genetisch voneinander zu unterscheiden. [4] Dabei gelang es, seltene Mutationen (SNP) [5] nachzuweisen, die kurz nach oder kurz vor der Zellteilung des Embryos

3 Allel: Definierter Abschnitt eines Chromosoms.

4 Weber-Lehmann/Schilling/Gradl/Richter/Wiehler/Rolf, in: Forensic Science International: Gentetics 09/2014, S. 42-46.

5 SNP = single nucleotide polymorphism, auf deutsch: Einzelnukleotid-Polymorphismus.

auftreten können und somit beim anderen Zwilling nicht vorhanden sind. Dieser Nachweis lässt sich in Blut, Speichel und Sperma führen, während Hautkontaktspuren als Untersuchungsmaterial nicht geeignet sind. Nach Informationen von Eurofins Scientific [6] handelt es sich bei der angewandten Untersuchungsmethode um ein validiertes Verfahren, das allerdings bis dato in der Bundesrepublik Deutschland für forensische Zwecke nicht in Auftrag gegeben wurde.

Bei Eurofins handelt es sich um ein Unternehmen, dass für alle angewandten Verfahren eine Akkreditierung nachgewiesen hat und in einem europaweiten Vergabeverfahren für Spurenuntersuchungen ausgewählt wurde. Es erhält vom LKA NRW im Rahmen der sogenannten Fremdvergabe regelmäßig Auftragspakete für klassische forensische DNA-Untersuchungen und gehört somit zu den anerkannten Untersuchungsstellen.

Spurenart
Wie alle echten Spuren dient diese Spurenart der Rekonstruktion von Geschehensabläufen und hat somit Bedeutung als **Situationsspur**. Ihre wesentliche Bedeutung liegt allerdings in der Auswertung des im Zellmaterial vorhandenen Erbgutes, sodass sie hauptsächlich als **Materialspur** deklariert werden kann.

Besondere Aufmerksamkeit muss insbesondere den Blutspuren gewidmet werden, die darüber hinaus als **Formspuren** wesentliche Rückschlüsse auf ihre Entstehung und, in Kombination mit weiteren Informationen, auf Einzelheiten des Tatgeschehens zulassen (Abb. 11 bis 13).

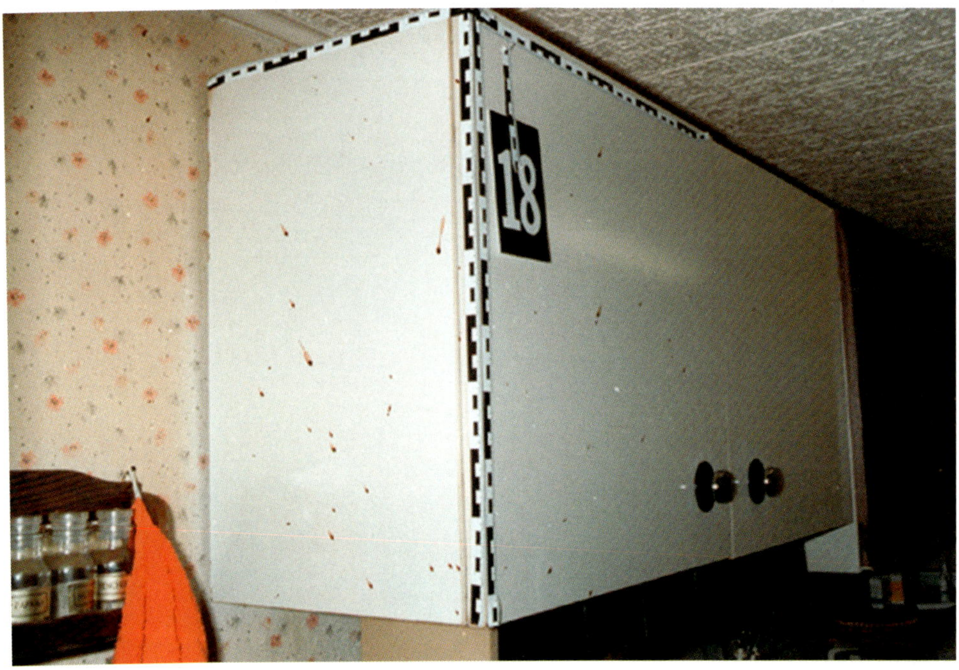

Abb. 11: Blutspritzer

6 Telefonisches Interview mit Dr. Jacqueline Weber-Lehmann, Eurofins Scientific, geführt von den Autoren im Juli 2015.

Abb. 12: Bluttropfen

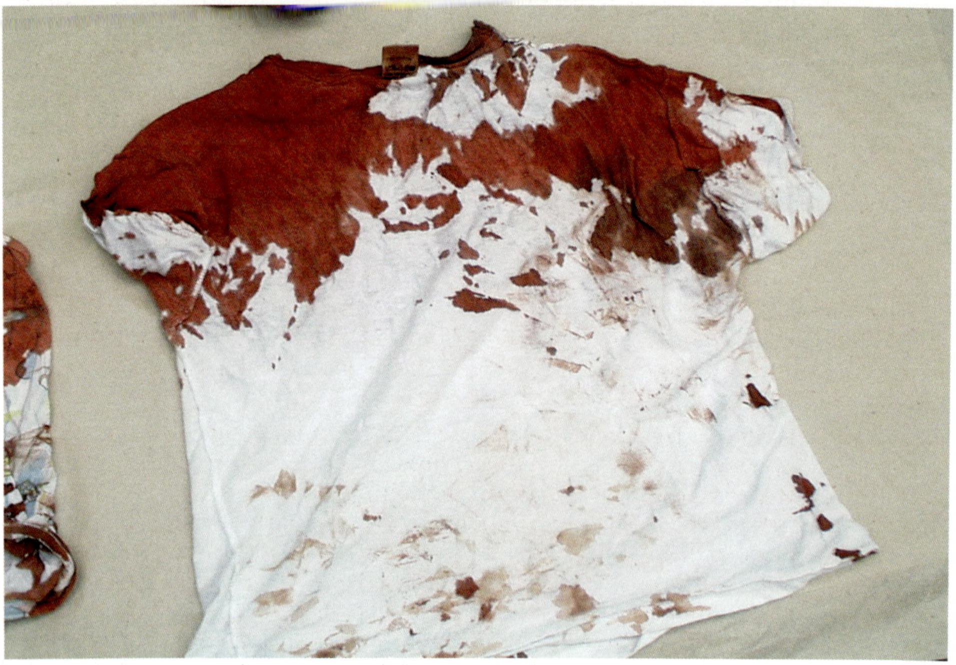

Abb. 13: Eingeblutetes T-Shirt

Die Interpretation von Blutspurenbildern (forensische Blutspurenanalyse) obliegt rechtsmedizinischen bzw. biologischen Spezialisten. Aus diesem Grund wird hier auf eine Vertiefung dieser Thematik verzichtet.

Allgemeine Beweiskraft

Neben der Möglichkeit, Geschehensabläufe zu rekonstruieren, die alle Spuren dieser Kategorie mehr oder weniger präzise ermöglichen, hängen die allgemeine Beweiskraft und damit die möglichen Untersuchungsziele von der Art des Zellmaterials und der Körperregion, aus der es abgesondert wurde, ab.

Im Wesentlichen werden die Untersuchungsziele auf dem Gebiet der körperzellenhaltigen Spuren auf die Möglichkeit der Individualzuordnung von Spur-Person und Spur-Spur konzentriert.

Insbesondere **Blut** ermöglicht aufgrund seiner Bedeutung als Formspur eine präzise Rekonstruktionen des Tatgeschehens.

Darüber hinaus gestattet die **Blutspur** den spezifischen Nachweis, dass es sich tatsächlich um Blut handelt, ob Menschen- oder Tierblut vorliegt und gegebenenfalls die Bestimmung der Tierart. Sofern es sich um Menschenblut handelt, kann die **Blutherkunftsbestimmung**, z.B. Menstruationsblut, Blut aus Nase oder Mund, Neugeborenen- oder Erwachsenenblut ..., wesentliche Aufschlüsse liefern. Diese Untersuchungsmöglichkeiten stellen klassische Gruppenbestimmungen dar. Die gute alte Blutgruppenbestimmung kann selbstverständlich nach wie vor durchgeführt werden, spielt aber im Zeitalter der **DNA-Analyse** in der angewandten Kriminalistik und Kriminaltechnik keinerlei Rolle mehr.

Die DNA-Analyse ermöglicht Zuordnungen von Spuren zu Personen (Individualidentifizierung) oder deren Ausschluss als Spurenleger. Weiter gestattet sie einen Sammlungsvergleich mit der DNA-Analyse-Datei (DAD) zur Herstellung von Tatzusammenhängen oder zur Erzielung von Individualidentifizierungen.

Sekrete (Nasen-, Scheidensekret, Speichel, Sperma, Schweiß), Körperabfallprodukte (Kot, Urin) sowie Haut und Hornmaterial ermöglichen generell die Bestimmung der Materialart und gestatten unter Umständen im Einzelfall die Rekonstruktion von Geschehnissen, ihre Eignung für eine molekulargenetische Untersuchung (DNA-Analyse) bedarf aber einer differenzierten Betrachtung.

Sperma, Speichel, Nasen- und Scheidensekret enthalten grundsätzlich genügend DNA-fähiges Zellmaterial, sodass Individualzuordnungen möglich sind. Während Sperma Keimzellenmaterial enthält, spricht man bei den anderen Körperflüssigkeiten von Epithelzellen, über deren Eignung für DNA-Analysen keinerlei Meinungsverschiedenheit besteht.

Schweiß enthält kein geeignetes Zellmaterial und bietet über die sogenannte Ausscheidereigenschaft lediglich die Möglichkeit der Blutgruppenbestimmung. Griffspuren, die, wie in Kapitel 4.1.1 **Daktyloskopie** erläutert, im Wesentlichen aus Schweißrückständen bestehen, eignen sich jedoch hervorragend als Überträger von DNA-fähigem Zellmaterial. Der Mensch hat die Angewohnheit, sich mit den Händen ständig durch das Gesicht zu reiben, sei es über die Augen, unter der Nase oder über den Mund. Bei diesen Vorgängen bleiben Epithelzellen an den Händen kleben, die mit dem Schweiß über die Griffspur auf einen Spurenträger übertragen werden können, sodass die Griffspur molekulargenetisches Material enthält, obwohl der Schweiß selbst keine DNA-Analyse zulässt.

Die Möglichkeiten der DNA-Analyse bei **Kot und Urin** hängen im Einzelfall maßgeblich vom Fortschritt des Zersetzungsprozesses dieser Abfallprodukte ab.

Mit dem Thema **Haare** befasst sich unter der Ordnungsnummer **4.4.2** ein eigenständiges Kapitel.

Hinsichtlich der DNA-Fähigkeit von **Finger- und Zehennägeln, Schuppen der Kopfhaut und Oberhautzellen aus anderen Körperregionen** gehen die Meinungen der kriminaltechnischen und rechtsmedizinischen Institute zum Teil stark auseinander, sodass aus diesem Grunde und unter Berücksichtigung des permanenten wissenschaftlichen Fortschritts hier keine abschließende Aussage getroffen werden kann.

Kurz erwähnt sei an dieser Stelle, dass insbesondere Blut den Nachweis von genossenem Alkohol und konsumierten Drogen gestattet, Urin und Haare den Konsum von Betäubungsmitteln hinsichtlich Art, Menge und Zeitraum ermöglichen und in Finger-, Zehennägeln und Haaren Umweltgifte aller Art abgelagert und nachgewiesen werden können. Man geht beispielsweise davon aus, dass die Zusammensetzung von Umweltgiften für Industrieregionen spezifisch ist, so dass über deren Speicherung in den genannten Körperregionen bei unbekannten Personen oder unbekannten Toten über eine sogenannte **Isotopenanalyse** Rückschlüsse auf die Region gezogen werden können, in der die Person über einen längeren Zeitraum gelebt hat. Es gibt mittlerweile Ansätze, für die Bundesrepublik Deutschland Karten zu erstellen, die Regionen nach der Zusammensetzung ihrer Umweltgifte katalogisieren.

Konkreter Beweiswert

Im Vorfeld einer jeden Untersuchung muss natürlich, wie bei allen anderen Spurenarten auch, anhand der Gegebenheiten des Einzelfalles überprüft werden, welches Untersuchungsziel den Kriminalisten in Bezug auf die Aufklärung des Sachverhaltes, wenn auch unter Umständen nur schrittweise, näher bringt.

Bis auf wenige Ausnahmen (z.B. Blut und Sperma) kann weder der Spurensicherer vor Ort noch der den Untersuchungsantrag fertigende Sachbearbeiter mit Bestimmtheit beurteilen, ob überhaupt biologisches Material gesichert werden konnte, wenn ja, um welche Art von Material es sich handelt und ob es sich für eine molekulargenetische Untersuchung eignet. Allenfalls die Art des Spurenträgers selbst lässt eine Wahrscheinlichkeitsaussage hinsichtlich der Qualität des Zellmateriales zu. Die gerauchte Zigarettenkippe, die ausgetrunkene Getränkeflasche und die benutze Gesichtsmaske lassen Speichelspuren erwarten, das benutzte Taschentuch Nasensekret. Ob hingegen die mit Hilfe von Cyanacrylat sichtbar gemachten Griffspuren oder das Werkzeug, das der Täter zum Tatort mitgebracht hat, tatsächlich Epithelzellen enthalten, kann erst die Untersuchung selbst oder ein bei den Untersuchungsstellen durchzuführender DNA-Vortest ergeben. Die Analyse muss dann in letzter Konsequenz ergeben, ob eine für den Individualbeweis erforderliche biostatistische Wahrscheinlichkeitsaussage auf Basis des vorhandenen Spurenmaterials möglich ist oder sich die Aussage etwa dadurch relativiert, dass die nachgewiesene DNA von mehreren Personen stammt und aufgrund des Mischspurencharakters nicht eindeutig zugeordnet werden kann. Deshalb muss sich, unabhängig von der Vermutung hinsichtlich der Art und Eignung des Zellmateriales, das Untersuchungsziel zunächst immer auf die Analyse eines für die Individualzuordnung und/oder den Sammlungsvergleich geeigneten DNA-Identifizierungsmusters reduzieren. Nur für den Fall, dass das vorliegende Material sich dazu nicht eignet, sollten Gruppen bestimmende Parameter, wie Materialart oder Geschlecht des Spurenlegers, als Untersuchungsziel formuliert werden.

Auch bei dieser Spurenart muss die kriminalistische Arbeit sich darauf konzentrieren, zu ermitteln, ob die DNA der als Spurenleger identifizierten Person auf andere Art und Weise an den Tatort gelangt sein kann als im Zusammenhang mit dem eigentlichen Tatgeschehen. Hat die Person sich vor oder nach der Tat berechtigterweise am Tatort aufgehalten, reduziert sich der Beweiswert der gesicherten Spuren gegen null.

Die DNA an einem vom Täter zurückgelassenen Schraubendreher kann im Prinzip von jeder anderen Person stammen, die ihn irgendwann einmal benutzt hat.

In den vergangenen Jahren sind Fälle bekanntgeworden, bei denen Tätergruppen, die sich auf Einbrüche spezialisiert hatten, im Vorfeld der Taten Zigarettenkippen an Treffpunkten von Nichtsesshaften oder Drogenabhängigen von der Straße aufsammelten und später an den Einbruchtatorten gezielt zurückließen.

Die über die DNA-Analyse ermittelten Spurenleger hatten nachweislich nichts mit den Einbrüchen zu tun.

Auch die Analyse der körperzellenhaltigen Spuren erlangt ihren Beweiswert im Einzelfall meist durch die Integration der Untersuchungsergebnisse in kriminalistische Denkmodelle in Kombination mit anderen objektiven und subjektiven Beweismitteln.

Die im Leitsachverhalt vorgefundene Tatortsituation, die Schilderung der Geschädigten und die daraus hergeleitete erste Tathypothese lassen an mehreren Stellen tatrelevantes DNA-fähiges Zellmaterial erwarten.

Am Tatort bleibt ein Küchenmesser aus dem Besitz des Täters zurück, das Blutanhaftungen aufweist, die offenbar nicht von Frau Peksoy stammen, da an ihr keine blutenden Verletzungen festgestellt wurden. Folglich darf vermutet werden, dass der Täter im Zuge des Kampfgeschehens verletzt worden ist und das Blut von ihm selbst stammt. Sachgerecht gesichert wird die Blutspur zur Bestimmung des DNA-Identifizierungsmusters des Täters führen.

Auch wenn es sich bei der Blutspur in diesem Sachverhalt mit an Sicherheit grenzender Wahrscheinlichkeit um eindeutig tatrelevantes Material handelt, dessen DNA-Fähigkeit außer Zweifel steht, darf die Sicherung an allen anderen möglichen Stellen keineswegs unterbleiben. Das gilt im Übrigen auch für alle anderen zu erwartenden Spurenarten. Für den Fall, dass die Spurensicherung sich lediglich auf diese eine Spur konzentriert und weitere objektive Beweise vernachlässigt, sind alle anderen Beweismittel unwiederbringlich verloren, falls die Blutspur aus einem zunächst noch nicht vorhersehbaren Grund als Beweismittel ausfällt (unsachgerechte Sicherung und Lagerung, fehlerhafte Untersuchung, Verlust ...).

Außerdem lässt sich das Tatgeschehen nur vor dem Hintergrund des Gesamtspurenbildes sauber rekonstruieren. Und letztendlich besteht durchaus die Möglichkeit, dass im Zuge der Ermittlungen ein bisher unbekannter Dritter ins Spiel kommt, der den Täter bei der Tatausführung unterstützt hat, beispielsweise durch Handlungen, die die Geschädigte nicht beobachten konnte.

Nach Schilderung der Geschädigten trug der zunächst noch unbekannte Täter keine Handschuhe, sodass an allen Gegenständen, die er angefasst hat, molekulargenetisches Material zurückgeblieben sein könnte, insbesondere am Sicherungskasten, an der Wohnungstür, am Hals der Geschädigten, ihrem Slip, dem Smartphone (inklusuve Akku und SIM-Card) und dem Päckchen Präservative. Offenbar hat ein Kampfgeschehen stattgefunden, in dessen Verlauf der Täter verletzt worden ist, möglicherweise durch die Fingernägel der Geschädigten. Deshalb sind auch ihre Hände in die Sicherung von DNA-fähigem Zellmaterial mit einzubeziehen. Ob an den vermuteten Stellen tatsächlich Zellmaterial vorhanden ist und in welcher Menge und Qualität, muss sich erst bei und durch die Untersuchung herausstellen.

Schon bei der Tatortarbeit ist mit Hilfe der ersten Tathypothese zu berücksichtigen, dass nicht nur am Tatort Zellmaterial vom Täter zu finden sein dürfte, sondern, dass sowohl am Täter selbst als auch an seiner Kleidung und Maskierung Material vom Opfer übertragen worden sein kann. Die Maskierung, Kleidung und auch Tatwerkzeug sind außerdem Träger von tätereigenem Material.

Der Täter hat Frau Peksoy im Kehlkopfbereich eine ausgeprägte Hautrötung mit Unterblutungen zugefügt. Möglicherweise gerieten dadurch Hautzellen der Geschädigten unter die Fingernägel des Täters, die auch nach mehrmaligem Waschen der Hände noch vorhanden sein können. Bei entsprechendem Untersuchungsergebnis wäre damit sowohl die Aussage der Geschädigten belegt als auch der Beweis erbracht, dass es sich bei Herrn Seemann um den Täter handelt.

Bei der Durchsuchung der Wohnung Seemann werden eine schwarze Skimaske, mehrere Schraubendreher und eine Polygripzange gefunden. An der Innenseite der Skimaske dürften sich Epithelzellen aus dem Gesichtsbereich des Beschuldigten befinden. Im Zuge des Kampfgeschehens könnte aufgrund der körperlichen Nähe aber auch Speichel der Geschädigten auf die Außenseite der Maske übertragen worden sein. Damit wäre der Beweis erbracht, dass es sich um die bei der Tatausführung getragene Maske handelt. DNA-Material des Beschuldigten an den Werkzeugen beweist lediglich seinen Kontakt zu einem nicht näher bestimmbaren Zeitpunkt.

Zusammenfassung:

Allein die Spurenlage in Bezug auf tatrelevantes molekulargenetisches Material lässt bei entsprechendem Untersuchungsergebnis erwarten, dass Herr Seemann der Tatbegehung überführt werden kann. Insbesondere in Kombination mit anderen objektiven Beweismitteln dürften die Aussagen der Geschädigten in vielen Einzelheiten belegbar sein und der Beschuldigte nicht nur angeklagt, sondern auch verurteilt werden.

Spurensicherung

Die **Spurensuche** erfolgt je nach Bedeutung der in Rede stehenden Straftat heuristisch oder systematisch. Oftmals besteht die optimale Methode in einer Mischung aus beidem zusammen. Die Methoden der Sichtbarmachung hängen wesentlich von der Art des körperzellenhaltigen Materials ab. Blutspuren sind meist bei ausreichender Ausleuchtung mit bloßem Auge sichtbar. Sperma, Speichel und andere Sekretspuren sowie aus- und abgewaschenes Blut müssen entweder mit geeignetem Licht zum Lumineszieren (vgl. Band I, Kapitel 2.5 **Hilfsmittel zur Spurensuche**) gebracht oder auf bloßen Verdacht hin gesichert werden. An dieser Stelle erfolgt noch einmal der Hinweis, dass der Einsatz von UV-Licht, je nach

Anteil aggressiver Strahlung und Hitzeabgabe der Lichtquelle, sowohl die Netzhaut der Augen als auch Spurenträger und Spurenmaterial beschädigen kann.

Generell spricht nichts gegen **spezifische Vortests**, beispielsweise auf Blut, Sperma, Speichel oder menschliches Eiweiß, wenn bestimmte Regeln eingehalten werden.

Alle bisher bekannten Vortests und Reagenzien zur Sichtbarmachung beeinträchtigen die Untersuchungsmöglichkeiten oder machen eine Analyse gänzlich unmöglich! Mittlerweile gibt es Hersteller, die damit werben, eine DNA-Analyse sei auch nach Einsatz des Indikatorstoffes noch problemlos möglich, wenn die Spur mit einer lediglich geringen Menge kontaminiert wird. Nach Auffassung der Autoren sollte das zunächst nicht kritiklos hingenommen werden. Im Zweifel ist mit der zu beauftragenden Untersuchungsstelle Rücksprache zu halten.

Deshalb wird nach wie vor folgende Verhaltensweise empfohlen:

Soweit Spuren mit optischen Hilfsmitteln sichtbar gemacht werden können, ist aus den relevanten Bereichen gezielt ausreichend Material zu sichern und auf Hilfsspurenträger zu übertragen. Anschließend wird mit einem weiteren Hilfsspurenträger verbliebenes Zellmaterial aufgenommen und daran der jeweilige Vortest durchgeführt. Das für eine molekulargenetische Untersuchung gesicherte Material darf keinesfalls mit dem Vortest in Kontakt gebracht werden.

Sind keine Spuren sichtbar, werden aber auf Grundlage der Tathypothese vermutet oder erwartet, muss die Spurensicherung in Form von mehreren sogenannten „Blindproben" auf Verdacht erfolgen. Anschließend kann der Vortest entweder anhand einer der Blindproben oder durch Einsprühen der bereits abgearbeiteten Fläche erfolgen. Im Einzelfall sollte jedoch immer geprüft werden, ob ein Vortest vor Ort zwingend erforderlich und in der Sache hilfreich ist, denn die Sicherung im unsichtbaren Bereich birgt immer die Gefahr, dass nur sehr wenig Zellmaterial gesichert werden kann und das Wenige anschließend ausgerechnet durch den Vortest beschädigt oder zerstört wird.

Vortests sind immer mit Bedacht und nach sorgfältiger Abwägung der Gefahren-Nutzen-Relation einzusetzen und liefern nicht zwingend Gewissheit. Der Spurensicherer vor Ort muss nicht generell sofort wissen, ob es sich bei der gesicherten Spur tatsächlich um Blut, Sperma, Speichel oder andere menschliche Sekrete handelt.

Aufgrund der oftmals dürftigen Informationslage oder der unzureichenden Aussagebereitschaft der Beteiligten müssen dann die Ereignisse nahezu vollständig anhand der Spurenlage rekonstruiert werden. Deshalb genügt es gerade bei Tötungsdelikten, bei denen der Tatort nach Tatausführung gereinigt worden ist oder die Tat bereits länger zurückliegt, häufig nicht, lediglich DNA des Tatverdächtigen oder des Opfers nachzuweisen. Vielmehr müssen in diesen Fällen nach Möglichkeit komplette Spurenbilder wieder sichtbar gemacht werden. Das gilt insbesondere für Blutspurenbilder, deren Form und Ausdehnung für Rekonstruktionen eine besondere Bedeutung haben. Für diese Zwecke werden ebenfalls Vortestreagenzien wie z.B. **Luminol**, **LumiScene**, **Leukomalachitgrün** oder **Ninhydrin**, eingesetzt. Auch für diese Fälle, in denen die Mittel großflächig eingesetzt werden, gilt, dass die Sicherung von molekulargenetischem Material vorher auf Verdacht mit Hilfe von Blindproben erfolgen muss. Erst anschließend kann mit der Sichtbarmachung von Spurenbildern begonnen werden.

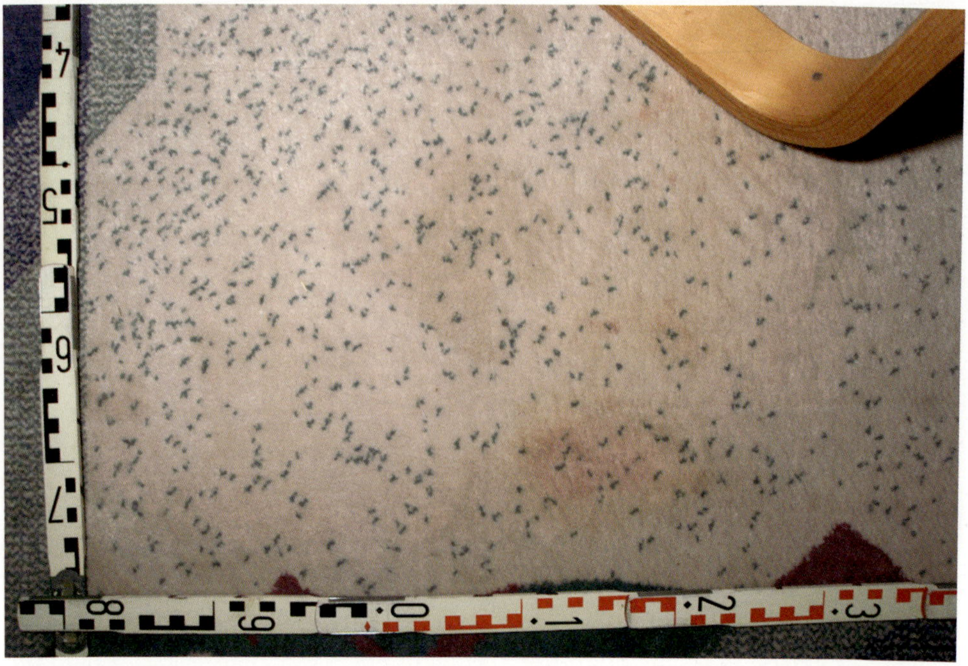

Abb. 14: Teppich mit verwaschenen Blutspuren

Abb. 15: Teppich nach Einsatz von Leukomalachitgrün

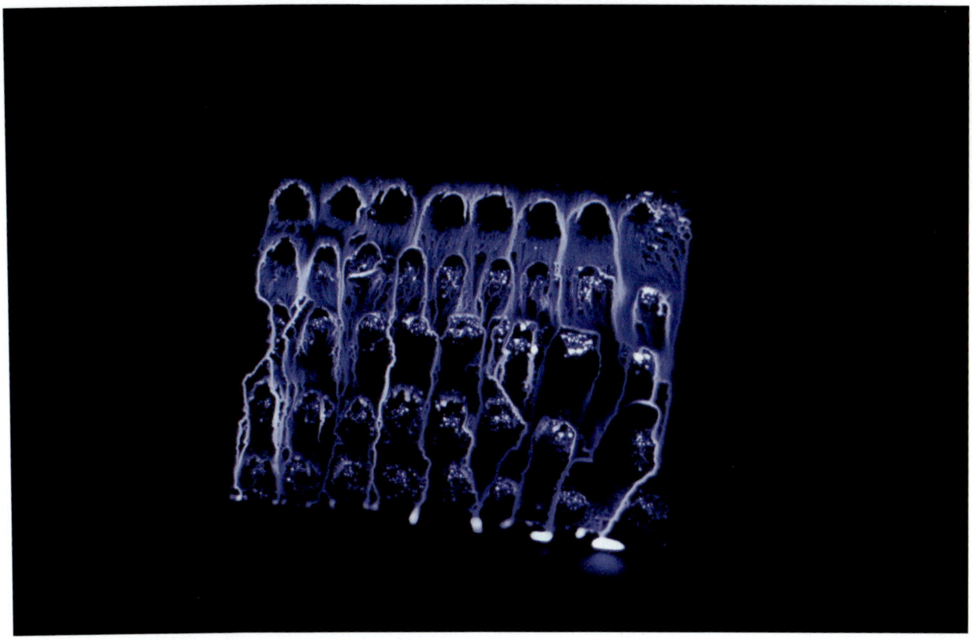

Abb. 16: LumiScene auf blutiger Fliese bei Dunkelheit

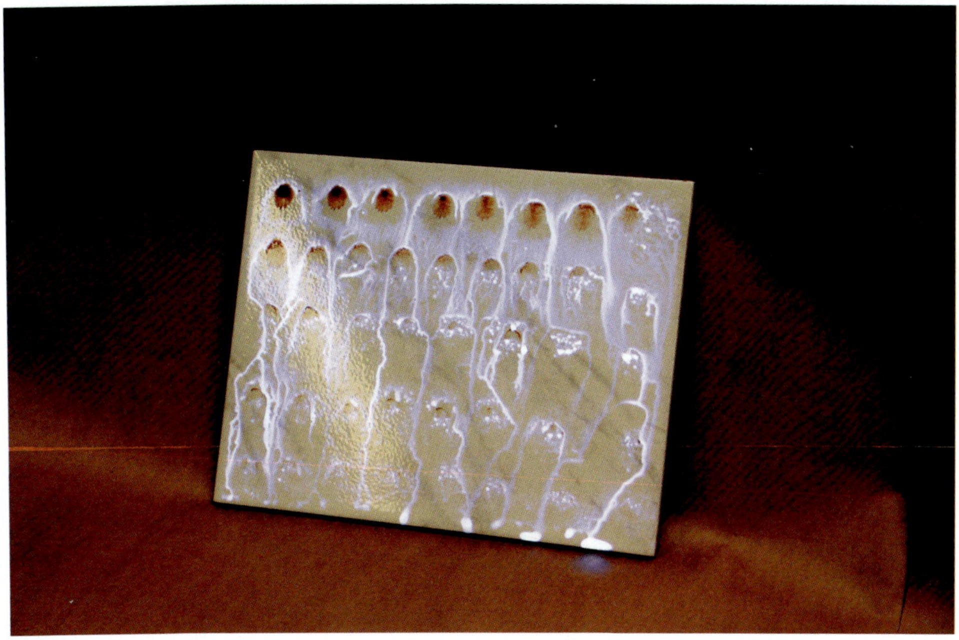

Abb. 17: LumiScene auf blutiger Fliese bei Dunkelheit, Foto bei Dunkelheit und Tageslichtaufnahme ineinanderkopiert

Die Abbildungen 16 und 17 zeigen die Reaktion von LumiScene auf einer bebluteten Fliese, zunächst bei völliger Dunkelheit und dann nach deckungsgleichem Hineinkopieren einer zuvor gefertigten Tageslichtaufnahme. Bildausschnitt und Brennweite wurden bei beiden Fotos nicht verändert. Diese Vorgehensweise empfiehlt sich, um die Reaktion eines lumineszierenden Vortestes hinsichtlich der Lage und Art des Spurenträgers gerichtsfest zu dokumentieren. Selbstverständlich werden die zugrunde liegenden Einzelaufnahmen ebenfalls in die Lichtbildmappe des Ermittlungsvorganges aufgenommen.

Die **Spurensicherung** von serologischen Spuren erfolgt generell nach den allgemeinen Grundsätzen (vgl. Band I, Kapitel 3, Grundlagen der Spurensicherung). Dabei ist besondere Sorgfalt auf geeignete Schutzkleidung (PSA) sowie steriles und DNA-freies Spurensicherungsgerät zu legen. Die Schutzkleidung besteht aus Spurensicherungsanzug mit Kapuze, Schutzbrille, Mundschutz und geeigneten Handschuhen. Sie soll verhindern, dass einerseits Spurenträger mit der DNA des Spurensicherers verunreinigt werden und andererseits eine mögliche Infektionsgefahr durch biologisches Spurenmaterial minimieren. Das Tragen von persönlicher Schutzausrüstung gilt insbesondere auch beim Einsatz von Vortestreagenzien, die versprüht werden. In diesen Fällen sind zusätzlich die entsprechenden Sicherheitsdatenblätter und Betriebsanweisungen zu beachten sowie im Rahmen der Verhältnismäßigkeitsprüfung die Folgen des Chemikalieneinsatzes für Mensch, Tier und Umwelt abzuwägen.

Hinsichtlich der Verunreinigung von Spurenmaterial vertreten die Autoren aufgrund langjähriger Erfahrung allerdings die Auffassung, dass selbst bei sorgfältigstem Schutz nicht gänzlich ausgeschlossen werden kann, dass die Tatortbeamten eigenes Zellmaterial verlieren. Der Griff in den Karton mit Einweghandschuhen kann bereits eigenes Material an der Außenseite der Gummihandschuhe hinterlassen. Selbst das zweite Paar, das mit bereits behandschuhten Händen aus dem Karton genommen wird, kann bereits kontaminiert sein. Das gilt ebenfalls für einzeln verpackte Handschuhe, die beim Anziehen verunreinigt werden. Einen Komplettschutz gibt es unserer Meinung nach nicht.

Aus sachlicher Erwägung heraus wäre es sinnvoll, dass Polizeibeamte, die Tatortarbeit versehen, sei es im Rahmen des Sicherungsangriffs oder im Rahmen des Auswerteangriffs, ihr persönliches DNA-Identifizierungsmuster feststellen lassen und an geeigneter Stelle, vorzugsweise in einer entsprechenden Datenbank, hinterlegen. So können vermeintlich tatrelevante Spuren vor Aufnahme in die Ermittlungsakte oder in die DNA-Analysedatei als Spuren von Berechtigten (Trugspuren) aussortiert werden.

Die Vermeidung von Trugspuren und der Ausschluss von berechtigten Spurenlegern gehört in der Kriminaltechnik/Kriminalistik zu den häufig diskutierten Themen und führte im Jahr 2011 in Bezug auf die DNA-Analyse zu einer Empfehlung der Innenministerkonferenz (Arbeitskreis II) an den Bund und die Länder, unter anderem den Aufbau einer DNA-Referenzdatei in eigener Zuständigkeit umzusetzen. Dem hat das MIK NRW mit Erlass vom 26.04.2013 Rechnung getragen und das LKA Düsseldorf beauftragt, „eine Referenzdatei zur Erkennung von DNA-Trugspuren" einzurichten.[7]

Die Datei wird im Dezernat 52 des LKA NRW geführt und ist seit März 2015 einsatzbereit. Mitarbeiter der Polizei NRW, „die häufig und vor allem engen Kon-

7 Erlass des Ministeriums für Inneres und Kommunales vom 26.04.2013-422-62.09.09.

takt zu Spuren und Asservaten haben"[8] können sich freiwillig unter Abgabe einer schriftlichen Einwilligungserklärung in diese Datei aufnehmen lassen, um so frühzeitig als Verursacher von Trugspuren ausgeschlossen werden zu können. Die Einwilligungserklärung kann jederzeit widerrufen werden, ohne Konsequenzen für die Mitarbeiter.

Die Speicherung erfolgt nicht mit Klarpersonalien, sondern mit einem **Pseudonymisierungscode**, bestehend aus der Kennzeichnung der Behörde und einer vierstelligen Nummer, z.B. DU0001. Die Klarpersonalien werden dem LKA nicht mitgeteilt, sondern verbleiben mit der Einwilligungserklärung bei durch die jeweilige Behörde zu benennenden Referenzdateibeauftragten, die im Falle eines Treffers direkt durch das LKA per Treffermitteilung informiert werden. Die Referenzdateibeauftragten nehmen im Vier-Augen-Prinzip die Depseudonymisierung vor und informieren den betroffenen Mitarbeiter. Zudem wird eine geeignete Person mit der fachlichen Prüfung des Treffers beauftragt.

Das Spurensicherungsgerät sollte nach Möglichkeit aus Einwegmaterial bestehen. Pinzetten, Scheren und Klemmen, die immer wieder verwendet werden, sind nach jedem Gebrauch zu reinigen. Dabei ist zu beachten, dass herkömmliche Desinfektionsmittel zwar Sterilität bewirken, längst aber keine DNA-Freiheit garantieren.

Zur Reinigung empfohlen werden für diese Zwecke handelsübliche Schimmelreiniger. In diesem Zusammenhang muss bedacht werden, dass nicht nur die Übertragung von Zellmaterial von Tatort zu Tatort, sondern auch die Übertragung von einem auf den anderen Spurenträger innerhalb eines Tatortbereiches verhindert werden muss. Auch diese Gefahr besteht bei mehrfach zu verwendenden Werkzeugen. Besondere Vorsicht ist geboten, wenn zunächst mit Rußpulver nach daktyloskopischen Spuren gesucht wird und aus den für einen Vergleich nicht geeigneten Spuren anschließend DNA-fähiges Zellmaterial gesichert werden soll. Der Rußpulverpinsel kann ebenfalls Zellmaterial von einem auf den anderen Spurenträger übertragen. Sollen daktyloskopische und molekulargenetische Untersuchungen gewährleistet werden, muss die daktyloskopische Spurensuche kontaktfrei oder mit Einwegmaterial erfolgen (vgl. Kapitel 4.1.1 **Daktyloskopie**).

Die eigentliche Sicherung kann sowohl im Original mit Spurenträger und anschließender sachgerechter Verpackung als auch durch Übertragung auf einen Hilfsspurenträger erfolgen. Dabei ist der Sicherstellung des Spurenträgers im Original immer der Vorzug zu geben. Die Übertragung auf einen geeigneten Hilfsspurenträger erfolgt dann im Labor unter idealen Bedingungen. Als Hilfsspurenträger eignen sich DNA-freie und sterile Wattestieltupfer. In NRW werden flächendeckend **Forensik Abstrichtupfer** (engl.: forensic swab) verwendet, die anschließend wieder mit einer Hülle verschlossen werden können und aufgrund einer atmungsaktiven Membran in der Hülle ausreichend belüftet werden und eigenständig sachgerecht trocknen. Der Hersteller garantiert sowohl Sterilität als auch DNA-Freiheit.

Der Wattekopf wird mit destilliertem Wasser benetzt, sodass die meist trockene Spur mit Hilfe der Feuchtigkeit gelöst und durch den Wattekopf unter ständigem Reiben und Drehen aufgesogen werden kann. Der feuchte Wattekopf einer **Bakteriette** muss danach an einem geschützten Ort bei Zimmertemperatur komplett durchtrocknen, bevor er verpackt und für die Untersuchung versandt werden

8 http://intrapol.polizei.nrw.de/Kriminalität/Kriminaltechnik/DNA-Analyse/Seiten/Referenzdat.aspx, 14.07.2015.

kann. Feucht verpackte Spurenträger schimmeln und erschweren bzw. verhindern eine molekulargenetische Untersuchung.

Im Jahre 2010 wurde festgestellt, dass originalverpackte Wattestieltupfer bereits beim Fertigungsprozess mit fremder DNA verunreinigt waren. Deshalb wurden in NRW mit Beginn des Jahres 2011 zur Spurensicherung sogenannte **Forensik-Abstrichtupfer** (engl.: Forensic Swab) eingeführt, bei denen der Hersteller DNA-Freiheit und Sterilität garantiert. Sie werden wie oben beschrieben gehandhabt, müssen aber im Anschluss an die Spurensicherung nicht mehr zur Trocknung offen aufgestellt, sondern können sofort mit dem dazu gehörenden Röhrchen verschlossen werden. Eine luftdurchlässige Membran im Röhrchen sorgt für eine ausreichende Belüftung und einen sachgerechten Trocknungsprozess.

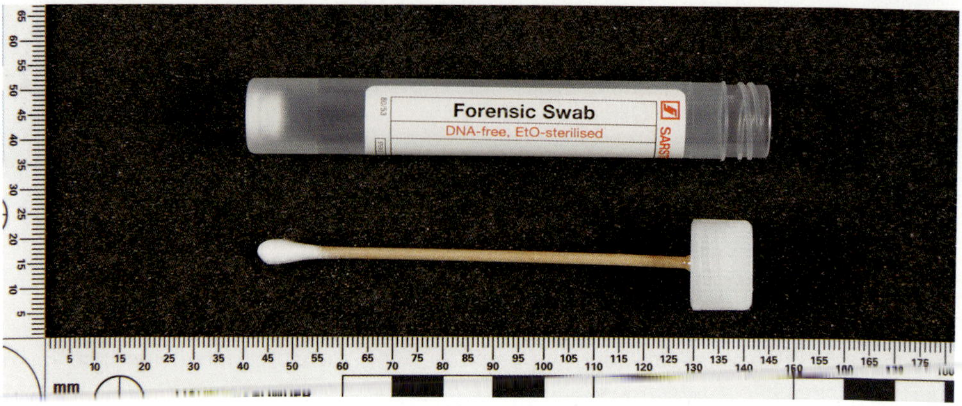

Abb. 18: Forensik-Abstrichtupfer

Bei Kleidungsstücken und anderen Stoffen gestaltet sich die Spurensicherung mit Hilfe von herkömmlichen Abrieben sehr schwierig, weil die Fläche oft relativ groß ist und sich das Zellmaterial eben nicht nur an der Oberfläche befindet, sondern auch in tieferen Stoffschichten. In Absprache mit der entsprechenden Untersuchungsstelle können in solchen Fällen auch Klebefolien, wie sie zur Faserspurensicherung benutzt werden, eingesetzt werden. Das auf der Klebefläche haftende Material kann anschließend im Labor mit Alkohol gelöst und für die DNA-Analyse in Spezialgefäßen asserviert werden. Mit Alkohol gesichertes Zellmaterial bedarf nicht der Trocknung, da Schimmelprozesse ausgeschlossen sind.

Ein besonderer Hinweis gilt der Sicherung von getrockneten Blutspuren. Für den Fall, dass der Spurenträger nicht im Original asserviert werden kann, wird dringend die Sicherung mit destilliertem Wasser und Wattestieltupfer empfohlen. Das Abkratzen oder Abschaben der Spur sollte unterbleiben, da sich bei dieser Sicherungsmethode Blutstäube bilden, die in der Luft verwirbeln und durch Einatmen Infektionen auslösen können.

Verschiedene Untersuchungsstellen setzen für problematische Spurensicherungsfälle bei Stoffen oder Hohlräumen mittlerweile auch Spezialstaubsauger ein, die allerdings nach hiesigen Informationen den KTU-Stellen in NRW in den Behörden nicht oder noch nicht zur Verfügung stehen.

Im Leitsachverhalt bieten sich folgende Sicherungsmethoden an:

Von den Türen des Sicherungskastens und dem Türblatt der Wohnungstür werden mit Forensik-Abstrichtupfern Abriebe zur Sicherung von DNA-fähigem Zellmaterial genommen.

Das Messer, die Packung Präservative, das Smartphone und der Slip werden im Original asserviert. Die Sicherung von Zellmaterial erfolgt im Labor. Zur Sicherung stehen dort in Abhängigkeit vom Spurenträger wahlweise die Fertigung von Abrieben, Folienabzüge, Absaugen mit einem Spezialstaubsauger oder in einigen Bundesländern Waschverfahren in Alkohollösung zur Verfügung. Generell besteht auch die Möglichkeit, der Untersuchungsstelle die Originalspurenträger zu übersenden. Allerdings werden die Spuren im Regelfall auch in den dortigen Laboren auf die angeführten Hilfsspurenträger übertragen.

Die Fingernägel von Frau Peksoy und nach dessen Ermittlung auch die des Herrn Seemann, werden sowohl auf den Nagelbetten als auch unter den Nagelrändern mit Abstrichtupfern abgerieben.

Die sichergestellten Werkzeuge werden zunächst mit Hilfe des Cyanacrylat-Bedampfungsverfahrens daktyloskopisch untersucht und anschließend mit Abstrichtupfern abgerieben. Gleiches gilt für die aufgefundene Schusswaffe und die Munitionsteile.

Die Skimaske wird im Original asserviert und nach Rücksprache mit der Untersuchungsstelle sowie entsprechend gefertigtem Untersuchungsantrag auch als Originalspurenträger der Untersuchung zugeleitet.

Vergleichsmaterial/Berechtigtenausschluss

Neben der im Erlass zur DNA-Referenzdatei gemeinten Zielgruppe kommen regelmäßig auch Spurenleger aus dem Täter- und Opferumfeld oder generell an Tatorten Berechtigte als Verursacher von Trugspuren in Betracht und müssen als Spurenleger ausgeschlossen werden, da sie für das Verfahren nicht von Bedeutung sind.

Vergleichsmaterial wird in der Regel über Speichelproben genommen, bei deren Entnahme die Mundschleimhaut der Wangentaschen mit Hilfe von Abstrichtupfern abgerieben wird. Alternativ kann bei entsprechenden Voraussetzungen eine Blutprobe entnommen werden. Da die Speichelprobe eine gewisse Freiwilligkeit voraussetzt und deren zwangsweise Entnahme nicht zulässig ist, wird die zwangsweise Entnahme von molekulargenetischem Vergleichsmaterial mit Hilfe der Blutprobe durchgesetzt. Auch bei dieser Spurenart kann die Tatrelevanz zum Zeitpunkt der Spurensicherung oft nicht beurteilt werden. Deshalb sind der Untersuchungsstelle Vergleichsspeichelproben aller in Betracht kommenden Spurenleger zu übersenden.

Die Entnahme von Vergleichsspeichelproben Berechtigter und deren Untersuchung erfolgt im Regelfall auf freiwilliger Basis. Eine Speicherung des gewonnenen DNA-Identifizierungsmusters ist generell ausgeschlossen. Vergleichsspeichelproben sind von allen möglichen berechtigten Personen, die als Spurenleger in Betracht kommen, für die Interpretation des Untersuchungsergebnisses und den Berechtigungsausschluss unerlässlich. Der Berechtigtenausschluss erfolgt entweder direkt bei der Untersuchungsstelle oder anschließend in der beauftragenden Behörde im Abgleich mit den DNA-Identifizierungsmustern der Mitarbeiter(innen), die als Spurenleger in Frage kommen.

Bei Beschuldigten erfolgt die Entnahme von Körperzellen, vorzugsweise ebenfalls über Speichelproben, nach Maßgabe der §§ 81a ff. StPO. Die Anordnung der Entnahme und Untersuchung von Körperzellen sowie die Speicherung des DNA-Identifizierungsmusters unterliegen engen rechtlichen Schranken und stehen generell unter einem Richtervorbehalt. Bei Gefahr im Verzuge obliegt die Anordnung auch der Staatsanwaltschaft und ihren Ermittlungsbeamten. Aus Gründen der Praktikabilität dürfen diese Maßnahmen allerdings auch auf Grundlage einer, auf einer ausführlichen Belehrung beruhenden, schriftlichen Einwilligungserklärung der/des Beschuldigten durchgeführt werden.

Die Belehrung muss die Zielrichtung der Maßnahme deutlich machen: Entweder zur Feststellung, ob gesichertes Spurenmaterial von der/dem Beschuldigten stammt oder zur Identitätsfeststellung in künftigen Strafverfahren, also zur Speicherung in der **DAD (DNA-Analyse-Datei)**. Das gesicherte Material darf zu keinem anderen als den aufgeführten Zwecken, verwendet werden.

Spurenauswertung

Untersuchungsanträge und Untersuchungsmaterial sind der Untersuchungsstelle über die zuständige KTU zu übersenden, in NRW vorzugsweise dem Landeskriminalamt. In NRW wurde das Landeskriminalamt im Jahre 2006 durch das Innenministerium NRW mit der landeszentralen Steuerung aller DNA-Untersuchungsaufträge beauftragt. Damit bleibt dem LKA die Entscheidung vorbehalten, Untersuchungsaufträge auch an externe Institute zu vergeben.

Deshalb werden alle Untersuchungsanträge grundsätzlich dem KTI des LKA NRW zugeleitet. Dort wird dann über eine Fremdvergabe der Untersuchung entschieden, es sei denn, das zuständige Gericht beauftragt mit entsprechendem Beschluss direkt eine nichtpolizeiliche Untersuchungsstelle bzw. namentlich einen Sachverständigen. In diesem Fall werden Beschluss, Untersuchungsantrag und Untersuchungsmaterial über die zuständige KTU direkt der beauftragten Untersuchungsstelle übersandt.

Speichelproben werden bei der Entnahme selbstverständlich mit den Personalien der betroffenen Person gekennzeichnet, um Verwechselungen entgegen zu wirken. Richterliche Beschlüsse und Untersuchungsanträge der Fachkommissariate enthalten ebenfalls Personalien in Reinschrift. § 81 (2) Satz 3 StPO schreibt jedoch vor, dass dem Sachverständigen das Untersuchungsmaterial ohne Mitteilung des Namens, der Anschrift sowie des Geburtstages und -monats zu übergeben ist. Diese Vorschrift erfordert in der Praxis ein Verfahren, dass einerseits das Untersuchungsmaterial anonymisiert und andererseits den Erfordernissen gegen Verwechselung genügt.

Dazu wurde bundesweit eine sogenannte **Anonymisierungsformel** festgelegt, die aus den Initialen von Vor- und Zunamen, dem Geburtsjahr und -ort sowie der Staatsangehörigkeit (bei Abweichungen auch der ethnischen Zugehörigkeit) und der Angabe des Geschlechtes besteht.

Im vorliegenden Leitsachverhalt lauten die Personalien der Beteiligten

Horst Seemann
**01.02.1961/Meerstadt*
die Staatsangehörikeit ist deutsch

*Die Anonymisierungsformel lautet H. S. *1961/Meerstadt, männlich, deutsch.*

Jale Peksoy
**02.11.1995/Sarkoy/Türkei*
die Staatsangehörigkeit ist türkisch

*Die Anonymisierungsformel lautet J. P. *1995/Sarkoy, weiblich, türkisch*

Für den Fall, dass Frau Peksoy die deutsche Staatsangehörigkeit besäße, enthielte die Formel sowohl Staatsangehörigkeit als auch die ethnische Zugehörigkeit, nämlich türkisch.

Die Speichelproben werden vor der Untersuchung mit der Anonymisierungsformel gekennzeichnet, sodass die Personalien den Wissenschaftlern nicht zugänglich sind. Bei verschiedenen Untersuchungsstellen werden im Zeitalter der elektronischen Datenverarbeitung die Speichelproben mit Hilfe eines Barcodeverfahrens erfasst und gekennzeichnet, sodass sich die Anonymisierung nach der Formel erübrigt.

Anhand der unten stehenden Tabelle wird ein mögliches Untersuchungsergebnis der Blutspur am Küchenmesser sowie den Speichelproben der Geschädigten und des Beschuldigten anhand von 17 Merkmalssystemen dargestellt.

System (Allel):	Blutspur:	H.S.*1961 (TV):	J.P.*1995 (GE):
	Allel 1/Allel 2	Allel 1/Allel 2	Allel 1/Allel 2
SE 33	23,2/24,2	23,2/24,2	23.2 /26.2
D21S11	29/32,2	29/32,2	27 / 28
VWA	15/17	15/17	16 / 18
TH01	6/6	6/6	9/9.3
FIBRA	20/22	20/22	20/24
D3S1358	14/18	14/18	14/17
D8S1179	12/14	12/14	13/14
D18S51	12/15	12/15	14/18
D1S1656	16/16	16/16	13/13
D2S441	14/14	14/14	12/12
D10S1248	13/13	13/13	11/11
D12S391	20/20	20/20	18/18
D22S1045	15/16	15/16	11/13
D16S539	11/11	11/11	22/26
D2S1338	17/20	17/20	19/21
D19S433	13/13	13/13	11/14
AMEL	X/Y	X/Y	X/X

Abb. 19: DNA-Identifizierungsmuster der Blutspur, des Beschuldigten und der Geschädigten

*Die DNA-Identifizierungsmuster der Blutspur am Küchenmesser und des beschuldigten Horst Seemann, *01.02.1961/Meerstadt, stimmen in allen untersuchten Systemen überein.*

Horst Seemann wird mit einer Wahrscheinlichkeit von 1 zu 999 Milliarden als Spurenleger identifiziert. [9] *Das DNA-Identifizierungsmuster der Geschädigten stimmt in keinem der untersuchten Systeme mit denen der Blutspur überein. Sie kann als Spurenlegerin ausgeschlossen werden.*

Die DNA-Analyse-Datei (DAD)

Die DAD wurde 1998 beim BKA eingerichtet und arbeitet als Verbundsystem, ähnlich dem System AFIS, mit bei den Landeskriminalämtern angeschlossenen Eingabeplätzen. Die Datei dient sowohl der Identifizierung von Spurenverursachern als auch der Identifizierung von unbekannten Personen oder unbekannten Toten.

Im Gegensatz zu AFIS recherchiert dieses System auch in der Praxis das Spurenmaterial unterschiedlicher Tatorte im Hinblick auf **Tatzusammenhänge**. Die aus den untersuchten Speichelproben oder dem am Tatort gesicherten Spurenmaterial festgestellten DNA-Identifizierungsmuster werden von den Untersuchungsstellen in einem DAD-Meldebogen erfasst, der anschließend der Eingabestelle zur Aufnahme des Musters in die DAD zugeleitet wird.

Die den Untersuchungsantrag stellende Behörde erhält den DAD-Meldebogen mit einer Speicherbestätigung. Der Meldebogen aus der Untersuchung von Spurenmaterial wird Bestandteil der Ermittlungsakte, derjenige von untersuchten Speichelproben Bestandteil der Kriminalakte. Diese Verfahrensweisen erfolgen nach Ausschluss aller Berechtigten.

4.4.2 Haare

Beim Menschen wächst ein Haar ca. 2 – 6 Jahre, dann fällt es aus (→ telogenes Haar). Auf der Kopfhaut eines gesunden Menschen wachsen zwischen 100 000 und 150 000 Haare, jeden Tag verlieren wir zwischen 30 und 60 Haare durch natürlichen Haarausfall.

Überall, wo sich eine Person häufiger oder längerfristig aufhält, ist mit deren Haaren zu rechnen, gleichfalls bei Situationen, in denen es zu einem intensiven Körperkontakt zwischen Personen (z.B. Sexualdelikt/Tötungsdelikt) oder zwischen Kopfpartie einer Person und einem Gegenstand (z.B. Fußgängerkollision mit Pkw/Tätermaskierung) kommt.

Spurenart

Haare sind als Materialspuren anzusehen. Sowohl das Verteilungsbild aufgefundener Haare als auch die individuelle Lage von Einzelhaaren am Tatort oder Ereignisort ist als Situationsspur anzusehen.

Weiterhin kann festgestellt werden, wie Haare vom Kopf getrennt wurden, ob es sich um ausgefallene oder ausgerissene Haare bzw. abgeschnittene Haare handelt.

9 Alle Allelwerte sowie die Wahrscheinlichkeitsaussagen hinsichtlich der Häufigkeit sind frei erfunden.

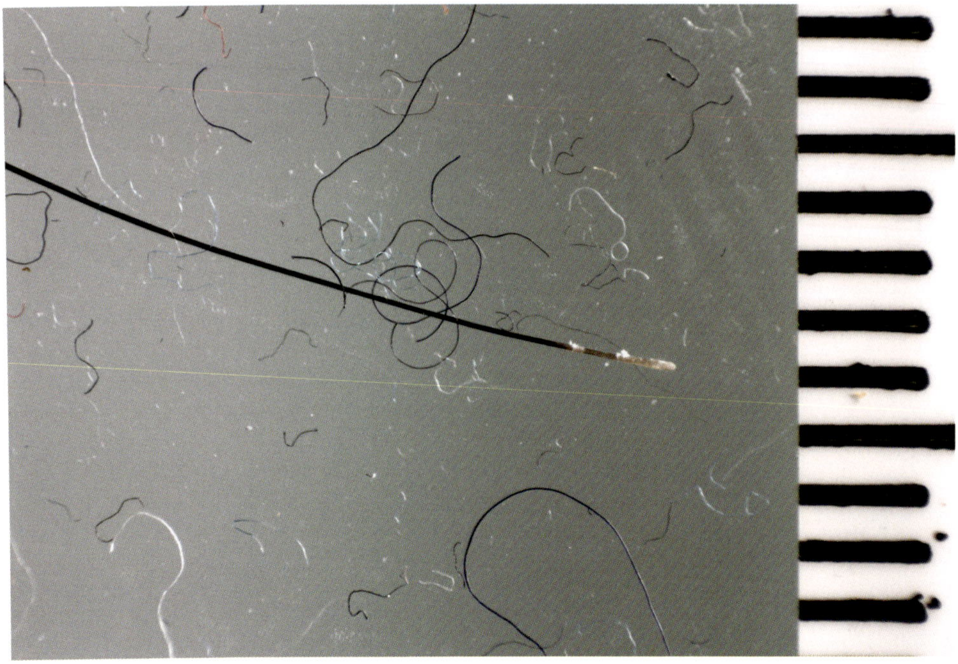

Abb. 20: Haar mit Wurzel (rechtsseitig) in starker Vergrößerung

Allgemeine Beweiskraft

Zunächst kann im Rahmen einer mikroskopischen Untersuchung festgestellt werden, ob es sich bei dem vorgelegten Untersuchungsmaterial überhaupt um Haare oder sonstiges Material (z.B. Fasern) handelt. Weiter kann differenziert werden, ob menschliche oder tierische Haare vorliegen (→ Gruppenbeweis). Bei Tierhaaren kann häufig auch die Tierart bestimmt werden.

Weiter kann festgestellt werden, ob es sich um das Haar eines Mannes oder einer Frau handelt. Ergänzend lassen sich bestimmen: Die natürliche Haarfarbe, die eventuell künstlich gefärbte Haarfarbe sowie mögliche weitere haarkosmetische Behandlungen (z.B. Bleichung, Dauerwelle). Einwirkungen durch direkte oder indirekte Hitze (z.B. durch Brandeinwirkung) sind ebenfalls nachweisbar.

Anhand aufgefundener Haare kann die Bestimmung der Blutgruppe der Person sowie entsprechender Unterblutgruppen und eine Feststellung der DNA durchgeführt werden.

Die Bestimmung der Blutgruppe und Unterblutgruppen ist noch als Gruppenbeweis, die DNA-Analyse ist als Individualbeweis zu werten. Die Feststellung der DNA ist inzwischen auch an telogenen Haaren möglich, jedoch ist die Aussagegenauigkeit der Analyse nicht so hoch wie bei Haaren mit Wurzel. Seit Einführung der DNA-Analyse wird die Blutgruppenbestimmung eher selten gefordert.

Anhand von Haaren können Ablagerungen von Medikamenten, Giftstoffen und Betäubungsmitteln nachgewiesen werden. Hier sind Aussagen zu der Art der aufgenommenen Stoffe sowie ggf. auch zum Zeitraum und der Dosierung möglich (→ Gruppenbeweis).

Konkreter Beweiswert

Der konkrete Beweiswert bei gesicherten Haaren ist stets von der Gesamtsituation am Tatort sowie den Aussagen möglicher beteiligter Personen abhängig. Leben Täter und Opfer in häuslicher Gemeinschaft zusammen, so ist logischerweise auch mit dem Auffinden von (telogenen) Haaren beider Personen in der Wohnung zu rechnen.

Bei der Auffindung von Haaren am Tatopfer ist die Lage der gefundenen Haare mit der Aussage des Opfers und des Täters abzugleichen. Zunächst ist zu prüfen ob es sich um ein ausgefallenes, ein ausgerissenes oder sonst vom Kopf entferntes Haar handelt. Anhand der Aussagen der Personen ist abzugleichen, ob es sich hier um eine „legal" entstandene Haarspur oder um eine tatrelevante Spur handelt.

Wesentlich einfacher gestaltet sich die Beweisführung in den Fallkonstellationen, bei denen es zwischen Täter und Opfer offenbar keinerlei Vorbeziehung gegeben hat, insbesondere wenn der Beschuldigte jeglichen Vorkontakt zum Opfer im Rahmen seiner Vernehmung abstreitet. Hier kann u.U. die Auffindung eines Haares mit der DNA des Beschuldigten zur Überführung der Person ausreichen.

Spurensicherung

Da übertragene Haare an Personen oder Gegenständen nur lose haften, sollte die Spurensuche und Spurensicherung möglichst zeitnah durchgeführt werden. Sonst ist mit einem unwiederbringlichen Verlust der Spuren zu rechnen bzw. mit einer Veränderung der Spurenlage oder der Übertragung von Spuren.

Bei der Sicherung von Mikrospuren ist eine Kontamination des Tatortes auf jeden Fall zu vermeiden. Die Kontaminationsmöglichkeiten beziehen sich hierbei nicht nur auf das Hinterlassen eigener Faserspuren oder Haare am Tatort, sondern auch auf die Übertragung eigener DNA auf zu sichernde Haarspuren. Daher sind bei der Spurensuche und Spurensicherung stets ein Einweg-Overall mit Kopfbedeckung, Einweghandschuhe, Schuhüberzieher und Mundschutz zu tragen.

Die Suche und Sicherung einzelner Haare erfordert stets eine gute Ausleuchtung des Arbeits- und Suchbereichs, ggf. ist eine Lupe hinzuzuziehen. Eine Sicherung von Haaren sollte nur mit sterilem Spurensicherungsgerät durchgeführt werden. Einzelhaare sind jeweils separat zu sichern, zu verpacken und zu kennzeichnen. Die Auffindungssituation von Haaren sowie deren Sicherung, ist genau zu beschreiben und soweit möglich fotografisch zu dokumentieren.

Die Suche nach Einzelhaaren erfordert stets die genaue Inaugenscheinnahme der Bekleidung, eventuell auch des Körpers der betroffenen Person. Je nach Sachverhalt kann sich die Suche nach Spuren und deren Sicherung hier als körperliche Untersuchung qualifizieren. In den meisten Fällen ist eine Durchführung dieser Maßnahme durch Polizeibeamtinnen und -beamte möglich, da es sich nicht um Eingriffe in den Körper handelt.

Wird nach Sexualdelikten eine ärztliche Untersuchung des Intimbereichs des Tatopfers durchgeführt, so bietet es sich an, die Suche nach Haaren im Intimbereich gleichfalls durch den Mediziner durchführen zu lassen. Hierbei sind mit Sperma verklebte Haare möglichst dicht über der Haut abzuschneiden. Lose aufliegende und erkennbare Haare sind separat zu sichern, anschließend ist der Schambereich auszukämmen, um lose aber nicht sichtbare Haare gleichfalls zu sichern. Hierbei ist auf die Sterilität des Spurensicherungsgerätes zu achten.

Sind bei schwerwiegenden Straftaten Einzelhaare nicht erkennbar, so erfolgt die Sicherung von Haaren durch Abkleben mittels Mikrospurenfolie. Beim arealweisen Abkleben werden zunächst sämtliche Klebefolienstreifen aufgebracht, anschließend beschriftet und dann zunächst fotografiert. Somit ist die Spurenlage gesicherter Haare später nachvollziehbar dokumentiert.

Vergleichsmaterial
Haare können zum Teil erheblich in den auswertbaren morphologischen Merkmalen variieren. Aus diesem Grund sind Vergleichshaare möglichst zeitnah von allen potenziellen Spurenlegern zur Spurensicherung zu nehmen. Vergleichsmaterial ist eindeutig zu kennzeichnen und von Spurenmaterial getrennt zu halten. Die Proben sind u.a. zu beschriften mit:

- Name, Vorname der Person,
- Entnahmeort und Entnahmeart,
- Entnahmetag und Name des Probennehmers.

Zunächst sind Haare aus der Frisur auszukämmen. Hierzu wird eine Tischoberfläche mit einem Papierbogen ausgelegt und die Frisur wird mit einem sauberen Kamm durchgekämmt. Die ausgekämmten Haare sind in einem Umschlag zu sichern und entsprechend zu beschriften.

Anschließend sind aus jedem Kopfbereich (Schläfen jeweils links und rechts, Stirn, Hinterkopf und Kopfmitte) jeweils 5 – 10 Haare auszuzupfen. Aus den angeführten Bereichen wird dann noch ein Haarbüschel, etwa streichholzdick, durch Abschneiden unmittelbar über der Kopfhaut, gesichert. Die Proben sind direkt nach der Probenentnahme separat zu verpacken und zu beschriften.

Spurenauswertung
Gesicherte Haarspuren werden durch den Sachbearbeiter, unter Beifügung eines kriminaltechnischen Untersuchungsantrages, der KTU-Stelle übersandt.

Durch die KTU-Stelle ist das Material zunächst auf Brauchbarkeit zu untersuchen. Weiter ist zu prüfen, ob die Untersuchungsziele im KTU-Antrag sachgerecht beschrieben sind.

Erforderliches Vergleichsmaterial ist durch die KTU-Stelle zu beschaffen, soweit es nicht mit übersandt wurde. Nach Vergabe einer KTU-Nummer wird das Untersuchungsmaterial (ggf. unter Beifügung von Vergleichsmaterial) dem Landeskriminalamt NRW zur Untersuchung und Begutachtung übersandt.

Durch den kriminaltechnischen Sachverständigen des LKA wird nach Abschluss der Untersuchungen ein Behördengutachten erstellt und zu der ersuchenden Dienststelle weitergeleitet.

Im vorliegenden Fall ist es u.a. im Kinderzimmer der Tatwohnung zu einem engen körperlichen Kontakt zwischen Täter und Opfer gekommen, so wurde das Opfer vom Täter auf die im Zimmer befindliche Jugendliege gedrückt.

Die Wahrscheinlichkeit liegt nahe, dass (trotz Maskierung) sowohl an der Körperoberfläche des Opfers und dessen Bekleidung als auch auf der Jugendliege Haare des Täters gefunden werden können. Weiter sind anhaftende Haare des Opfers an dem bislang unbekannten Täter zu erwarten.

Haare sind grundsätzlich als Materialspur zu qualifizieren. Aufgefundene Haare würden zunächst einmal Hinweise auf die mögliche Haarfarbe (original/gefärbt), den Pflegezustand der Haare, die Haarlänge und ggf. haarkosmetische Behandlungen (z.B. Dauerwelle) des Täters liefern (→ Gruppenbeweis). Unter optimalen Voraussetzungen könnte ein aufgefundenes Haar des Täters auch dessen DNA verraten, dies wäre dann als Individualbeweis anzusehen. Hier wäre dann ein Sammlungsabgleich mit der DAD möglich.

Bislang liegt keine brauchbare Täterbeschreibung vor. Die Auswertung der o.a. Gruppenmerkmale würde zunächst einmal die Erkenntnislage zum äußeren Erscheinungsbild des Täters deutlich verbessern. Hierdurch würden sich eventuell neue Fahndungsansätze gewinnen lassen. So wäre dann ggf. bekannt, welche Haarlänge und Haarfarbe die Person zur Tatzeit hatte und ob ggf. auch auffällige haarkosmetische Behandlungen vorlagen. Über die Analyse der DNA wäre die Person individualisierbar sobald ein Tatverdacht besteht und entsprechendes Vergleichsmaterial gesichert würde.

Sowohl am Körper der Geschädigten als auch an ihrer Kleidung ist zunächst nach sichtbaren Einzelhaaren zu suchen. Vor Beginn der Spurensuche durch die Kräfte der Kriminalwache ist entsprechende Schutzkleidung (Einwegoverall mit Kapuze, Einweghandschuhe und Mundschutz) anzulegen. Erkennbare Einzelhaare sind hinsichtlich ihrer Lage zunächst zu beschreiben, dann zu fotografieren und anschließend separat zu sichern. Hierbei ist auf die Sterilität des Spurensicherungsgerätes zu achten.

Nach Abschluss der Suche und Sicherung von Einzelhaaren ist die Opferbekleidung sicherzustellen. Die Sicherung von Haaren ist im Spurensicherungsbericht zu beschreiben.

Zur Auswertung ist das Spurensicherungsmaterial durch den Sachbearbeiter der KTU-Stelle zu übersenden. Durch die KTU-Stelle ist Vergleichsmaterial aller in Betracht kommenden Personen zu nehmen, so u.a. Eltern und Bruder der Geschädigten.

Das Spurenmaterial und das Vergleichsmaterial sind mit einem kriminaltechnischen Untersuchungsantrag dem Landeskriminalamt NRW zur Begutachtung zu übersenden. Über den Untersuchungsbefund wird ein Behördengutachten erstellt, dieses wird durch den Sachbearbeiter später der zuständigen Staatsanwaltschaft zugeleitet.

4.4.3 Textile Fasern

Textile Stoffe sind aus Garnen gewebt. Diese bestehen aus einzelnen Fasern. Bei Kontakten mit anderen Stoffen können textile Fasern oder Faserteile auf diese übertragen werden.

Überall, wo sich eine Person häufiger oder längerfristig bekleidet aufhält, ist mit den Fasern ihrer Bekleidung zu rechnen. Insbesondere in den Fällen, in denen es zu einem engen Kontakt zwischen Täter und Opfer (z.B. Tötungsdelikt oder Vergewaltigung) oder zu einem sonstigen intensiven Kontakt des möglichen Spurenträgers und der Bekleidung des Täters kommt (z.B. Sitzen in einem Sessel), sind entsprechende Spuren zu berücksichtigen.

Die Menge der übertragenen Fasern ist dabei von mehreren Faktoren abhängig, so u.a. von der Intensität des Kontaktes, von der Größe der Kontaktfläche und von der materiellen Beschaffenheit der Spur abgebenden Bekleidung.

Abb. 21: Lose aufliegende textile Faser in starker Vergrößerung

Spurenart
Fasern bzw. Faserspuren sind als Materialspuren anzusehen, zusammen mit Haaren werden sie auch als Mikrospuren bezeichnet. Hinsichtlich ihrer Verteilung am Opfer oder an Gegenständen sind sie als Situationsspur anzusehen.

Allgemeine Beweiskraft
Die unterschiedlichen Bekleidungsstücke sind aus verschiedenen Garnen gewebt. Gesicherte Fasern können hinsichtlich ihrer Beschaffenheit den entsprechenden Bekleidungsstücken zu geordnet werden, es handelt sich um einen Gruppenbeweis. Textile Fasern erlauben bei entsprechender Untersuchung u.a. die Auswertung hinsichtlich der Farbe, der Oberflächenbeschaffenheit und des Faserquerschnittes. Gesteigert wird dies noch durch die Möglichkeit, gebrauchsbedingte Veränderungen der Fasern (z.B. durch Waschen) feststellen zu können. Da eine Person selten nur ein Bekleidungsstück, welches aus einem einheitlichen Garn gewebt wurde, trägt, liegt vielfach eine Kombination unterschiedlicher Bekleidungsfasern vor. Zudem besteht das Bekleidungssortiment aus einer individuellen Kombination von Bekleidungsstücken. An diesen Bekleidungsstücken haften wiederum Fasern, die aus dem allgemeinen Lebensumfeld der Person stammen. Diese Gesamtheit von Fasern wird als **Faserspurenkollektiv** bezeichnet. Die Zusammenstellung von Fasern führt zu einem zunehmend individuelleren Beweiswert, bis hin zum Individualbeweis.

Konkreter Beweiswert
Der konkrete Beweiswert hängt sehr stark vom Einzelfall ab, z.B., ob sich Täter und Opfer kennen und ob eine legale Faserspurenübertragung durch normal-Körperkontakte möglich war. Zu klären ist, ob und wie häufig diese Kontakte waren und wann der letzte Vorkontakt stattgefunden hat. Weiter ist erheblich, ob die getragenen Bekleidungsstücke nach dem letzten Kontakt gewaschen oder gereinigt wurden. Der Beweiswert ist hier sehr stark vom übrigen Ermittlungsstand abhängig, insbesondere, ob entsprechend legale Übertragungsmöglichkeiten durch gerichtsverwertbare Aussagen ausgeschlossen werden können.

Anhand des gesicherten Spurenbildes beim flächigen Abkleben lässt sich nicht nur der Kontakt von Täter- und Opferbekleidung belegen, es sind auch Aussagen möglich, welche Körperregionen/Bekleidungsregionen von Täter und Opfer sich berührt haben.

Spurensicherung
Bei der Spurensicherung ist grundsätzlich Schutzkleidung (frischer Einweg-Overall mit Kopfbedeckung) zu tragen, um keine Veränderung der Spurenlage zu bewirken. Faserspuren sind mit dem bloßen Auge vielfach nicht zu erkennen, als Hilfsmittel bieten sich bei der Spurensuche Lupen und Leuchtlupen an.

Zu unterscheiden sind:

- Flächendeckend-topografisches Abkleben (vollflächiges Abkleben) → grundsätzlich bei Kapitaldelikten üblich
- Flächendeckend arealweises Abkleben (so z.B. bei Autositzen)
- Informatorisches Abkleben (Vergleichsprobennahme)

Abb. 22: Topografisches Abkleben mittels Mikrospurenfolie

Während bei Tötungsdelikten grundsätzlich ein vollflächiges Abkleben der Bekleidung und der unbekleideten Körperstellen in der Auffindungssituation durchgeführt wird, wird in den übrigen Fällen, bei lose aufliegenden Faserspuren, der Spurenträger (z.B. Opferbekleidung) komplett gesichert. Hierzu sind Bekleidungsstücke unter Verwendung von Papierzwischenlagen zu falten, separat in Papiertüten zu verpacken und zweifelsfrei zu beschriften. Es ist darauf zu achten, dass „Tatbekleidung" und „Vergleichsmaterial" weder im gleichen Raum noch durch die gleiche Person gesichert werden. Das Untersuchungsmaterial ist dem Erkennungsdienst zuzuleiten, dort erfolgt dann eine Faserspurensicherung durch Abkleben mittels Mikrospurenfolie. Feuchte Bekleidung ist auf der Dienststelle zu trocknen.

Abb. 23: Mikrospurenfolie mit anhaftenden Fasern und Einzelhaar

In den Fällen, in denen der Spurenträger nicht der Untersuchungsstelle zugeleitet werden kann oder das Verteilungsbild – auch an transportablen Gegenständen – von besonderer Bedeutung ist, sind Faserspuren mittels Mikrospurenfolie am Fundort direkt abzunehmen.

Bei festsitzenden Faserspuren erfolgt grundsätzlich eine Sicherung der Faserspur mit dem Spurenträger. Ist dies nicht möglich, so besteht die Möglichkeit die Faserspur mit einer Pinzette vorsichtig zu lockern und in einem Pergaminumschlag zu sichern.

Anschmelzspuren sind bei massiven Verkehrsunfällen u.a. zu finden/zu sichern bei/an:

- Sicherheitsgurten,
- Kfz-Innenverkleidungen,
- Bekleidung von Kfz-Insassen.

Bei Fußgängerunfällen und Unfällen mit Radfahrern sind ggf. auch Anschmelzspuren im Kfz-Außenbereich zu finden. Die Spurenmenge reicht hier in der Praxis jedoch meist nur zum Gruppenbeweis.

Vergleichsmaterial
Soweit möglich, ist als Vergleichsmaterial beim Spurenverursacher stets das gesamte Bekleidungsstück sicherzustellen bzw. zu beschlagnahmen. Ist dies ausnahmsweise nicht möglich, so sind Stoffproben ausreichender Größe, die das gesamte Stoffmuster darstellen, zu nehmen.

Spurenauswertung
Der Ablauf der Spurenauswertung ist in den jeweiligen Bundesländern unterschiedlich geregelt, dargestellt wird hier der **Ablauf für Nordrhein-Westfalen**. Gesicherte Faserspuren sind der Kriminaltechnischen Untersuchungsstelle zu übersenden. Von dort werden gesicherte Spuren sowie eventuell gesichertes Vergleichsmaterial dem Landeskriminalamt NRW zur weiteren Auswertung übersandt.

Liegen Faserspuren des Opfers als Spurenträger und des Spurenverursachers (z.B. Täter) vor, so wird das Untersuchungsziel in der Regel eine vergleichende Untersuchung sein. Hier wird durch das Landeskriminalamt mittels eines Gutachtens geklärt, ob identische oder nicht identische Faserspuren vorhanden sind (Vergleichsuntersuchung).

Bei einem Tötungsdelikt mit unbekanntem Täter wird u.U. die Frage nach einer „offenen Tatortspur" aufgeworfen. Hierbei wird die Bekleidung des Opfers und der engere Tatort nach Faserspuren abgesucht, die nicht einer bekannten Quelle aus dem persönlichen Umfeld zugeordnet werden können. Hierzu ist eine genaue Schilderung des Tatablaufs für die Gutachtenerstellung erforderlich. Der Gutachter stellt jedoch lediglich fest, dass es sich bei der „offenen Tatortspur" um Fasern handelt, die keinem bislang bekannten Spurenverursacher zugeordnet werden können. Welche Bedeutung diese Spur für die weiteren Ermittlungen hat und ob es sich dabei ggf. um eine „Leitspur" handelt, ist jedoch durch die ermittelnden Beamten zu beurteilen.

Im vorliegenden Sachverhalt hat es intensive körperliche Kontakte zwischen dem Täter und der Geschädigten mit entsprechender Faserspurenübertragung gegeben. Gleichfalls müssten Faserspuren der Täterbekleidung an der Liege im Jugendzimmer zu finden sein. Bei Faserspuren handelt es sich um Materialspuren. Bedingt durch die unterschiedliche Zusammenstellung der Bekleidung sowie der daran befindlichen Fasern aus dem allgemeinen Lebensumfeld der Person stellen die Faserspuren zunächst grundsätzlich einen Gruppenbeweis dar, vielfach ist jedoch ein individueller Beweiswert gegeben.

Die Bekleidung des Opfers ist durch die Beamten der Kriminalwache vor Ort sicherzustellen. Hierzu werden die Kleidungsstücke jeweils separat im Papiertüten verpackt. Vor dem Zusammenlegen sind jeweils Papierbögen zwischen die Kleidungsschichten einzulegen. Eine Abnahme von Faserspuren mittels Mikrospurenfolie erfolgt später durch den Erkennungsdienst (arealweises Abkleben). Weiterhin ist vor Ort durch die Beamten der K-Wache die Jugendliege mittels Mikrospurenfolie abzukleben

Nach Ermittlung des Beschuldigten wird dessen Wohnung aufgesucht. Dort wird mittels informatorischen Abklebens (so u.a. Kleiderschrankinnenflächen,

Polstermöbel) eine Vergleichsprobennahme vorgenommen. Eine Auswertung der Spuren beim Landeskriminalamt ist wegen des hohen Untersuchungsaufwandes nur sinnvoll, wenn ein zweifelsfreier Tatnachweis mit den übrigen, bislang gesicherten Spuren nicht möglich scheint.

4.4.4 Biologische Vegetationsspuren

Hierunter sind Pflanzen oder Pflanzenteile zu verstehen, die aus der Vegetation heraus auf einen Spurenträger übertragen werden, z.B. Blätter, Gräser o.ä. Zu dem Thema soll hier nur eine kurze Einführung erfolgen.

Spurenart
Die Verteilung der Vegetationsspuren an oder auf dem Spurenträger ist als Situationsspur anzusehen, die Vegetationsspuren sind als Materialspuren einzustufen.

Allgemeine Beweiskraft
Vegetationsspuren gestatten die Zuordnung aufgefundener Blätter, Gräser, o.ä. zu einer bestimmten Pflanzenart, stellen mithin einen Gruppenbeweis da. Häufig liegt eine Kombination unterschiedlicher Pflanzenteile, vielfach kombiniert mit Schmutz- oder Bodenspuren, vor.

Konkreter Beweiswert
Der konkrete Beweiswert ist stark von der Menge und dem Erhaltungszustand des gesicherten Spurenmaterials abhängig sowie vom Verbreitungsgrad der jeweiligen Pflanze.

Spurensicherung
Vom Ort der Spurensicherung sind sowohl Übersichts- als auch Detailaufnahmen zu fertigen. Entsprechende Spuren sind u.a. auf der Hautoberfläche, unter den Fingernägeln, in den Haaren oder an der Kleidung von Personen zu finden.

Gesicherte Spuren sind eindeutig zu kennzeichnen und luftdurchlässig zu verpacken. Grundsätzlich soll die Spurensicherung, soweit möglich, mit dem Spurenträger erfolgen. Können Spuren nicht mit dem Spurenträger gesichert werden, so ist zunächst zu prüfen, ob die Spuren tragenden Bereiche herausgetrennt und gesichert werden können. Lose Teile sind separat aufzunehmen und getrennt zu sichern. Hierbei ist nur mit sauberem Spurensicherungsgerät (z.B. Spatel) zu arbeiten.

Vergleichsmaterial
Vergleichsmaterial ist in ausreichender Menge zu sichern. Es ist nur mit sauberem Spurensicherungsmaterial zu arbeiten. Vergleichsmaterial ist von mehreren Stellen am Tatort zu sichern. Diese Stellen sind genau zu kennzeichnen und rekonstruierbar zu vermerken (Übersichts- und Detailaufnahmen, ggf. Skizze). Ggf. empfiehlt sich eine frühzeitige Kontaktaufnahme zum später zu beauftragenden Gutachter, um den Umfang des erforderlichen Vergleichsmaterials zu erfragen.

Spurenauswertung
Das Untersuchungsmaterial wird mit dem vorhandenen Vergleichsmaterial über den Erkennungsdienst/KTU-Stelle dem Landeskriminalamt NRW zur Begutachtung übersandt.

4.4.5 Sonstige Materialspuren

Eine abschließende Behandlung möglicher untersuchungsfähiger Materialspuren würde den Umfang dieses Lehr- und Studienbriefes sprengen. Untersuchungsfähig ist sicherlich noch eine große Zahl weiterer Materialspuren, so z.B. Bodenspuren oder Schmutzpartikel.

Zunächst gilt der Grundsatz, dass sämtliche Spuren (so also auch Materialspuren) an einem Tatort zu sichern sind. Hierbei ist darauf zu achten, dass möglichst immer einer Sicherung mit dem Spurenträger Vorrang einzuräumen ist. Feuchte Spuren sind hierbei zunächst zu trocknen. Falls möglich, ist am Tatort oder bei Verdächtigen entsprechendes Vergleichsmaterial schnellstmöglich zu sichern.

Eine mögliche Untersuchungsfähigkeit ist in Zweifelsfällen durch den kriminalpolizeilichen Sachbearbeiter mit der KTU-Stelle bzw. dem Kriminaltechnischen Institut des jeweiligen Landeskriminalamtes abzuklären.

Hinweise auf weitere untersuchungsfähige Materialspuren sowie deren Sicherung, liefert für den zugelassenen Leserkreis die Arbeitsanleitung Tatortspuren.

4.5 Schuss- und Schusswaffenspuren

Die Polizeiliche Kriminalstatistik weist für das Jahr 2014 in der Bundesrepublik Deutschland 30 785 Verstöße gegen das Waffengesetz (PKS-Ziffer 726 200) aus. [10] Bei der Begehung von vollendeten Straftaten in Deutschland wurde 2014 in 4 027 Fällen mit einer Schusswaffe gedroht. In 4 664 Fällen wurde mit einer Schusswaffe geschossen. [11]

Bei Schusswaffendelikten bietet sich die Möglichkeit folgender wesentlicher Spuren:

10 Polizeiliche Kriminalstatistik Bund, 2014, S. 95.
11 Polizeiliche Kriminalstatistik Bund, 2014, BKA-Tabelle - Fälle - Tabelle 01 - Grundtabelle - vollendete Fälle.

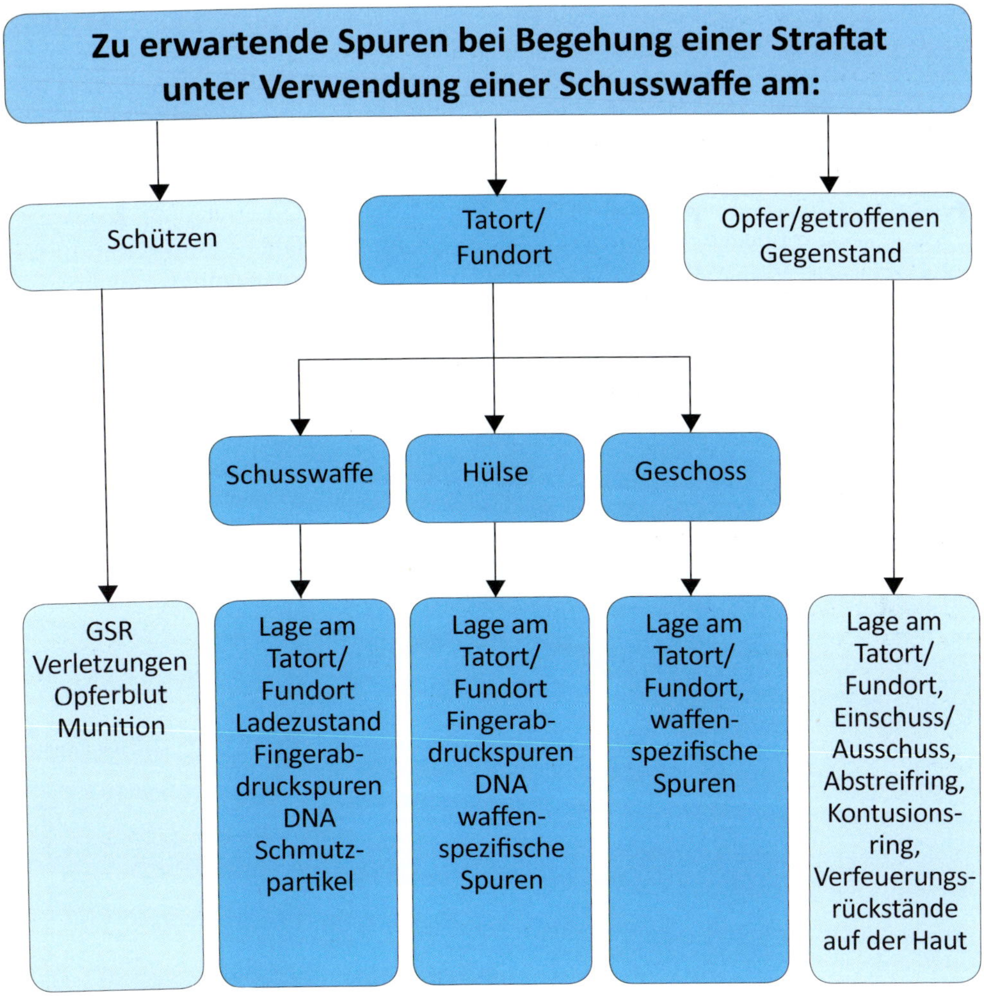

Abb. 24: Spuren bei Gebrauch einer Schusswaffe

4.5.1 Schusswaffen

„Nach waffenrechtlicher Definition sind Schusswaffen Gegenstände, die zum Angriff oder zur Verteidigung, zur Signalgebung, zur Jagd, zur Distanzinjektion, zur Markierung, zum Sport oder zum Spiel bestimmt sind und bei denen Geschosse durch einen Lauf getrieben werden.“ [12]

Waffenrechtlich sind wesentliche Waffenteile (so z.B. Waffenlauf oder Verschluss) den Schusswaffen gleichgestellt.

Waffentechnisch lassen sich Schusswaffen differenzieren nach Langwaffen (Gewehre) und Kurzwaffen bzw. Handfeuerwaffen (Pistolen und Revolver).

Fertigungstechnisch ist zu unterscheiden zwischen Waffen mit glattem Lauf und mit gezogenem Lauf. Bei Waffen mit glattem Lauf ist die Laufinnenseite

12 Anlage 1, 1. Abschnitt, Unterabschnitt 1, Ziff. 1.1 zum Waffengesetz vom 11.10.2002 (BGBl. I S. 3970; Ber. S. 4592 und 2003 I S. 1957), zuletzt geändert durch VO vom 31.08.2015 (BGBl. I S. 1474).

mechanisch glatt bearbeitet, sodass es zu keinen individuellen Spurzeichnungen an den Geschossen kommt (so u.a. bei Schrotwaffen). Bei Waffen mit gezogenem Lauf werden sog. Züge in den Waffenlauf gefräst (so z.B. Pistole, Revolver, Büchse). Hierdurch wird das Geschoss in Rotation versetzt. Dies führt zu einer Stabilisierung der Geschossflugbahn.

Damit sich ein ausreichender Gasdruck zur Verfeuerung des Geschosses im Lauf aufbauen kann, liegt der Laufdurchmesser geringfügig unter dem Geschossdurchmesser. Beim Verfeuern wird das Geschoss mit hohem Druck durch den Lauf gepresst. Riefen und Beschädigungen des Laufes übertragen sich hierbei auf das Geschoss.

Abb. 25: Gezogener Waffenlauf einer Pistole

Kriminaltechnisch zu differenzieren ist die Einteilung von Schusswaffen in:

Tatwaffe
Unter Tatwaffen werden Schusswaffen im Sinne des Waffengesetztes oder Teile von Schusswaffen verstanden, mit denen bei einer Straftat geschossen wurde.

Verdachtswaffe
„Verdachtswaffen sind alle in behördlichen Gewahrsam gelangten Schusswaffen oder Teile von Schusswaffen, wenn aufgrund vorliegender Tatsachen und/oder des Tat-/Täterumfeldes begründete Anhaltspunkte dafür bestehen, dass mit ihnen bei einer Straftat geschossen worden sein könnte. Die Verdachtswaffeneigenschaft wird in der Regel durch die ermittlungsführende Dienststelle festgelegt.“ [13]

Weiterhin gibt es Waffen, die nicht zur Begehung einer Straftat benutzt wurden und auch nicht als Verdachtswaffe in Betracht kommen. Es handelt sich hierbei i.d.R. um Waffen, die lediglich wegen eines Verstoßes gegen das Waffengesetz beschlagnahmt wurden und nur einem Funktionsbeschuss unterzogen werden zwecks Begutachtung ob und ggf. welcher waffenrechtliche Verstoß vorliegt.

Der Beschuldigte Seemann ist bislang bereits einschlägig kriminalpolizeilich in Erscheinung getreten. Weiterhin wurde gegen Seemann schon wegen bewaffneten Raubes auf eine Tankstelle ermittelt. Nun wird erneut gegen ihn wegen des Verdachtes eines Gewaltdeliktes ermittelt. Hierbei soll er die Geschädigte mittels eines Messers bedroht haben. Für die Schusswaffe besitzt Seemann keine waffenrechtlichen Erlaubnisse. Die vorliegenden Erkenntnisse rechtfertigen die Einstufung der aufgefundenen Waffe als „Verdachtswaffe“.

Waffen sind relevant als
- Spur,
- Spurenverursacher,
- Spurenträger.

Spurenart
Schusswaffen sind grundsätzlich als Gegenstandsspur anzusehen. Sowohl die Herstellung als auch die Einfuhr von Schusswaffen bedarf in Deutschland der Erlaubnis der zuständigen Verwaltungsbehörde. Ordnungsgemäß gefertigte Schusswaffen sind grundsätzlich mit dem Namen des Herstellers, einer Waffennummer und amtlichen Beschusszeichen gekennzeichnet.

Die gewerbsmäßigen Hersteller von Schusswaffen und auch die Händler von Schusswaffen sind verpflichtet, ein Waffenbuch zu führen. Aus diesem Waffenbuch müssen sich jeweils die Art und Menge der Schusswaffen sowie ihre Herkunft und ihr Verbleib ergeben. [14]

Bei sichergestellten Waffen kann somit grundsätzlich die Herkunfts- und Verkaufswegfeststellung von der Fertigung bis zum Käufer der Waffe durchgeführt werden. Der private Käufer der Waffe kann gleichfalls keine erlaubnispflichtige Waffe freihändig verkaufen. Jeder Verkauf ist der zuständigen Verwaltungsbehörde (in NRW der Polizeiverwaltung) anzuzeigen, der Neuerwerb darf nur durch eine berechtigte Person mit Erlaubnis der Behörde erfolgen.

13 Ziff. 1.2 und 1.5 Allgemeine Verwaltungsvorschrift über den zentralen Schusswaffenerkennungsdienst des Bundeskriminalamtes vom 15.04.1999.
14 § 23 Waffengesetz vom 11.10.2002 (BGBl. I S. 3970; Ber. S. 4592 und 2003 I S. 1957), zuletzt geändert durch VO vom 31.08.2015 (BGBl. I S. 1474).

Abb. 26: Pistole Walther P 99

Abb. 27: Pistole Walther P 99

Durch die Schussabgabe erfolgt bei Waffen mit gezogenem Lauf eine individuelle Spurzeichnung an den verfeuerten Geschossen. Auf diese Spurzeichnung wird im Bereich Munition weiter eingegangen.

Die konkrete Auffindungssituation der Waffe, wie
- Fundort,
- Lage der Waffe am Fundort/Tatort,
- Ladezustand,
- Erhaltungs- und Pflegezustand der Waffe

ist als Situationsspur einzuordnen. Teilweise kommt der konkreten Auffindungssituation der Waffe strafrechtliche Relevanz zu, so z.B. wenn die Schusswaffe außerhalb von Schießstätten oder des befriedeten Besitztums durchgeladen geführt wird. Hierzu bedarf es eines Waffenscheins nach § 10 Abs. 4 WaffG.

Allgemeine Beweiskraft
Der (legale) Verkaufsweg einer Waffe lässt sich anhand der Waffennummer i.d.R. bis zum Hersteller nachvollziehen.

Werden am Tatort zunächst (wie so oft) lediglich Geschosse oder Hülsen gefunden, so steht zunächst häufig die Fragestellung nach der Zahl der verwendeten Schusswaffen und auch nach Kaliber und Typ der eingesetzten Schusswaffe(n) im Vordergrund. Anhand individueller Merkmale an den Geschossteilen/der Hülse kann durch das BKA (zentrale Waffensammlung) diese Aussage geliefert werden. Hierbei handelt es sich zunächst um eine Gruppenidentifizierung (→ **Waffensystembestimmung**).

Eine Waffe mit gezogenem Lauf ist auch Spurenverursacher und hinterlässt an den verfeuerten Geschossen individuelle Spuren die – ähnlich dem Fingerabdruck – eine individuelle Zuordnung der verfeuerten Geschosse zur Schusswaffe zulassen → Individualbeweis (→ **Verfeuerungsnachweis**). Weiter kann durch den Abgleich des Tatgeschosses mit der Tatortmunitionssammlung beim BKA ein Tatzusammenhang mit weiteren Taten hergestellt werden.

Weiterhin sind Schusswaffen Spurenträger. So können vielfach an den Waffen u.a.
- Fingerspuren,
- DNA-Spuren,
- Schmutzpartikel

gefunden werden. Fingerspuren und DNA gestatten wiederum die individuelle Zuordnung zu Personen, die die Waffe angefasst haben.

Konkreter Beweiswert
Der konkrete Beweiswert ergibt sich grundsätzlich aus der Kombination verschiedener Spuren. So lässt sich ein verfeuertes Geschoss problemlos der entsprechenden Schusswaffe zuordnen. Für eine Urteilsfindung vor Gericht reicht die Zuordnung eines Geschosses zu einer Schusswaffe grundsätzlich nicht aus.

Schwierig gestaltet sich jedoch häufig die Beweisführung, wer eine Schusswaffe zur Tatzeit in seinem tatsächlichen Gewahrsam hatte. Der Beweis für den Kontakt einer Person zur Tatwaffe ist durch die Auffindung der Fingerspuren/der DNA der Person an der Waffe grundsätzlich kein Problem. Dies belegt jedoch nicht das Führen der Waffe zur Tatzeit und die Schussabgabe.

Ein weiteres Indiz wäre hier, wenn auch auf der geladenen Munition die Fingerabdrücke der tatverdächtigen Person gefunden würden. Dies würde zumindest das Laden der Waffe belegen. Die Schussabgabe selber ist hiermit immer noch nicht konkret belegbar. Hierzu wäre die Sicherung von Gunshot Residues (GSR) auf der Schusshand des Tatverdächtigen in lagegerechter Ausprägung erforderlich.

Nicht vergessen werden darf bei der Beurteilung des konkreten Beweiswertes natürlich wieder der Bereich der Situationsspuren, so u.a. die konkrete Auffindungssituation der Waffe, Ladezustand der Waffe, Lage der o.a. Einzelspuren an der Waffe.

Deutlich vereinfacht würde hier die Beweisführung, wenn für den Zeitpunkt der Schussabgabe entsprechende zuverlässige Zeugen zur Verfügung stehen würden. Eine exakte Interpretation der o. a. Spuren an der Waffe ist oft ohne Vernehmung der/des **Spurenlegers** nur schwer möglich. So befinden sich z.B. an einer entwendeten Waffe häufig noch Spuren des früheren (berechtigten) Waffenbesitzers.

Spurensicherung
Bei Auffindung einer Schusswaffe sind zunächst von der Auffindungssituation Übersichtsaufnahmen, sodann Detailaufnahmen mit Maßstab zu fertigen. Die Zugriffsverhältnisse der Schusswaffe sind zweifelsfrei zu klären. Falls Auskunftspersonen greifbar sind, sind diese, nach entsprechender Belehrung, zu vernehmen. Die Aussagen der Auskunftspersonen, sowie deren Belehrung ist in geeigneter Weise aktenkundig zu machen. Auch bei erlangten Aussagen zu den Eigentumsverhältnissen von sichergestellten Schusswaffen ist nicht nur auf die erlangten Vernehmungsergebnisse aufzubauen, diese sind durch objektive Spuren abzusichern.

Alle mit einer Straftat in Verbindung stehenden Waffen, Hülsen, Geschosse und Patronen sind sorgfältig sicherzustellen und einzeln zu verpacken. Geladene Waffen sind unverzüglich zu entladen. [15] Ein Entladen der Waffe kommt natürlich erst nach Dokumentation der Auffindungssituation und des genauen Ladezustandes in Betracht. Sie sind auf Fingerabdrücke und Handflächenabdrücke zu untersuchen. Weiterhin ist an aufgefundenen Waffen auch nach DNA-Spuren zu suchen.

Zu dokumentieren sind bei Auffindung einer Schusswaffe u.a.:
- die Lage der Schusswaffe,
- Stellung von Schlaghebel und Sicherung,
- Magazin eingeführt/Füllzustand des Magazins,
- Füllzustand der Revolvertrommel, Anordnung der Patronen in der Trommel (Beschreibung beginnend mit Nr. 1 vor dem Lauf).

Das Entladen von Standardwaffen stellt meist keine Schwierigkeit da. Bei Pistolen sind zunächst nur das Magazin und die Patrone im Patronenlager zu entnehmen. Die Patronen des Magazins sollten erst auf der Dienststelle entnommen werden, um eine Beschädigung vorhandener Fingerspuren durch den Transport zu verhindern.

Schwieriger gestaltet sich der Vorgang bei Schusswaffen, deren Funktionsprinzip den eingesetzten Beamten nicht bekannt ist. Ein Transport geladener Waffen kommt grundsätzlich nicht in Betracht, somit ist jede Waffe vor Ort zu entladen.

15 „Schusswaffenerkennungsdienst“, RdErl. des IM NRW vom 13.01.1993 -IV D I - 6403 (MBl. NRW. S. 314), Ziffer 1.1.

„Bei Pistolen ist als erste Maßnahme festzustellen, ob die Waffe über eine außen liegende Sicherung verfügt. Diese Sicherung wird entweder beschriftet (S/F) oder farblich markiert sein. Steht der Sicherungsflügel so, dass ein ‚S' (Sicher/Safe) oder ein farbiger Punkt (außer der Farbe rot) zu sehen ist, dürfte die Pistole gesichert sein. Ist ein ‚F' (Fire/Feuer) oder ein roter Markierungspunkt zu erkennen, sollte die Waffe zunächst gesichert werden. Generell gilt, dass ein roter Punkt oder eine rote Markierung Gefahr signalisiert. Bei Pistolen ohne außen liegende Sicherung sollte überprüft werden, ob die Waffe gespannt oder entspannt ist. Zu erkennen ist dies bei den meisten Pistolen an einem vorgespannten Schlaghahn. Ist die Waffe gespannt, beginnt die Suche nach dem Entspannhebel. Dieser ist im Normalfall bedienerfreundlich so angebracht, dass er mit dem Daumen der Schießhand erreicht werden kann."[16]

Nach dem Sichern bzw. dem Entspannen der Waffe ist nun durch Betätigung des Magazinlöseknopfes das Magazin zu entnehmen. Durch das Zurückziehen des Verschlusses (Schlitten) ist das Patronenlager zu öffnen, eine ggf. darin befindliche Patrone ist zu entnehmen. Die überprüfte Waffe ist nun als entladen zu kennzeichnen und ggf. zur weiteren Spurensicherung als Spurenträger zu verpacken und als solcher separat zu kennzeichnen.

Bei Revolvern sind die geladenen Patronen aus der Trommel zu entnehmen. Vom Funktionsmechanismus zu unterscheiden sind Kipplaufrevolver und Revolver mit schwenkbarer Trommel. Zunächst ist zu überprüfen, ob der Hahn des Revolvers gespannt ist. In diesem Fall muss der Revolver über den Abzug entspannt werden.

„Muss ein gespannter Revolver entspannt werden, hält man den Schlaghahn mit zwei Fingern der freien Hand fest, betätigt kurz der Abzug und lässt ihn nach wenigen Millimetern Vorgleiten des Schlaghahns wieder los. Jetzt kann man den Schlaghahn vorsichtig bis in die Ruherast gleiten lassen. Dabei ist darauf zu achten, dass einem nicht der Schlaghahn beim Betätigen des Abzuges entgleitet und dann die Patrone gezündet wird."[17]

Sodann ist der Lauf mit der Trommel abzukippen bzw. die Trommel auszuschwenken und zu entladen. Der Betätigungsmechanismus hierzu befindet sich entweder seitlich an der Waffe zwischen Griffstück und Trommel oder unterhalb des Waffenlaufs.

Sollte durch die eingesetzten Beamten ein Entladen der Waffe mangels Sachkunde vor Ort nicht möglich sein, so sind sachkundige Beamte anderer Dienststellen (z.B. Sachbearbeiter für Waffendelikte der Direktion K) hinzuzuziehen.

Zu den sichergestellten, bzw. beschlagnahmten Waffen und Munitionsteilen ist vor Ort ein Durchsuchungs- und Beschlagnahmeprotokoll zu erstellen. Die Waffen und Munitionsteile sind hier einzeln aufzuführen. Dem von der Maßnahme Betroffenen ist vor Ort eine Durchschrift auszuhändigen.

Die zur Dienststelle verbrachten Waffen und Munitionsteile sind unverzüglich in der Waffenkammer zu asservieren und im Asservatebuch aufzuführen. Ein Herumzeigen der Gegenstände auf der Dienststelle ist zu unterlassen.

16 Schacht/Bopp/Frese, S. 173.
17 Schacht/Bopp/Frese, S. 182.

Vergleichsmaterial

Als Vergleichsmaterial zur Spurenuntersuchung werden bezeichnet:

- Patronenhülsen und Geschosse, die durch Vergleichsbeschuss einer sichergestellten Schusswaffe zum Zwecke der vergleichenden Spurenuntersuchung gewonnen wurden;
- Patronenhülsen, Geschosse und Patronen, die nicht Tatmunition sind und im Zuge der Ermittlungen sichergestellt wurden mit dem Ziel, über vergleichende Untersuchungen mit der Tatmunition eine Verbindung zur Tat herzustellen.

Die Meldung von Verdachts- oder Tatwaffen an den zentralen Schusswaffenerkennungsdienst erfolgt durch Übersendung der Vergleichsmunition. Die zuständigen kriminaltechnischen Dienststellen übersenden dem Bundeskriminalamt die Vergleichsmunition mit der Meldung KP 27 und beauftragen das BKA mit dem Abgleich in der zentralen Tatortmunitionssammlung. [18]

Das Bundeskriminalamt unterhält eine zentrale Waffensammlung. In dieser Sammlung soll jede Schusswaffe mindestens einmal vertreten sein. Für eine Waffensystembestimmung anhand übersandter Tatmunition ist diese Sammlung unverzichtbar.

Wird bei Übersendung der Vergleichsmunition festgestellt, dass eine gemeldete Waffe in Modell oder Abwandlung in der zentralen Waffensammlung nicht vorhanden ist oder besteht Bedarf an der Ergänzung kriminaltechnischer Datensammlungen, so übersendet die verwahrende Stelle dem Bundeskriminalamt die Waffe auf Anforderung. Die Waffe wird der zentralen Waffensammlung des Bundeskriminalamtes nach Prüfung möglichst dauerhaft überlassen, ansonsten dem Bundeskriminalamt zur Datenerfassung und kriminaltechnischen Auswertung leihweise überstellt. [19]

Spurenauswertung

Exemplarisch wird hier das Verfahren im Bundesland Nordrhein-Westfalen dargestellt.

Zu sichergestellten oder beschlagnahmten Waffen bzw. Munition oder Munitionsteilen wird zunächst einmal durch den Sachbearbeiter der zuständigen Ermittlungsdienststelle der Vordruck KP 27 als Waffenmeldung gefertigt. Mit diesem Vordruck sind zugleich die durchzuführenden kriminaltechnischen Untersuchungen zu beantragen (so z.B. Vergleichsbeschuss und Abgleich mit der Tatortmunitionssammlung). Waffen, Munition bzw. Munitionsteile sind mit der KP 27-Meldung der zuständigen KTU-Stelle zu übersenden. Eine Ausfertigung der KP 27-Meldung verbleibt jeweils beim Vorgang und bei der KTU-Stelle.

Bei Tatwaffen leitet die KTU-Stelle das Material unter Beifügung des Vordrucks KP 27 unverzüglich an das Landeskriminalamt weiter, das den Vergleichsbeschuss durchführt. Das Landeskriminalamt übersendet die durch den Vergleichsbeschuss gewonnenen Munitionsteile zur weiteren Untersuchung dem Bundeskriminalamt. [20]

18 Ziff. 2.2 und 4.3 Allgemeine Verwaltungsvorschrift über den zentralen Schusswaffenerkennungsdienst des Bundeskriminalamtes (WaffErkDVwV) vom 15.04.1999 (GMBl. S. 263).

19 Ziff. 2.2 Allgemeine Verwaltungsvorschrift über den zentralen Schusswaffenerkennungsdienst des Bundeskriminalamtes (WaffErkDVwV) vom 15.04.1999 (GMBl. S. 263).

20 „Schusswaffenerkennungsdienst", RdErl. des IM NRW vom 13.01.1993 -IV D I - 6403 (MBl. NRW S. 314), Ziff. 1.1.

Verdachtswaffen werden durch die KTU-Stelle selbst beschossen. Die gewonnenen Geschosse und Hülsen werden unter Beifügung des Vordrucks KP 27 dem Landeskriminalamt übersandt und von dort dem BKA zum Abgleich mit der Tatortmunitionssammlung zugeleitet.

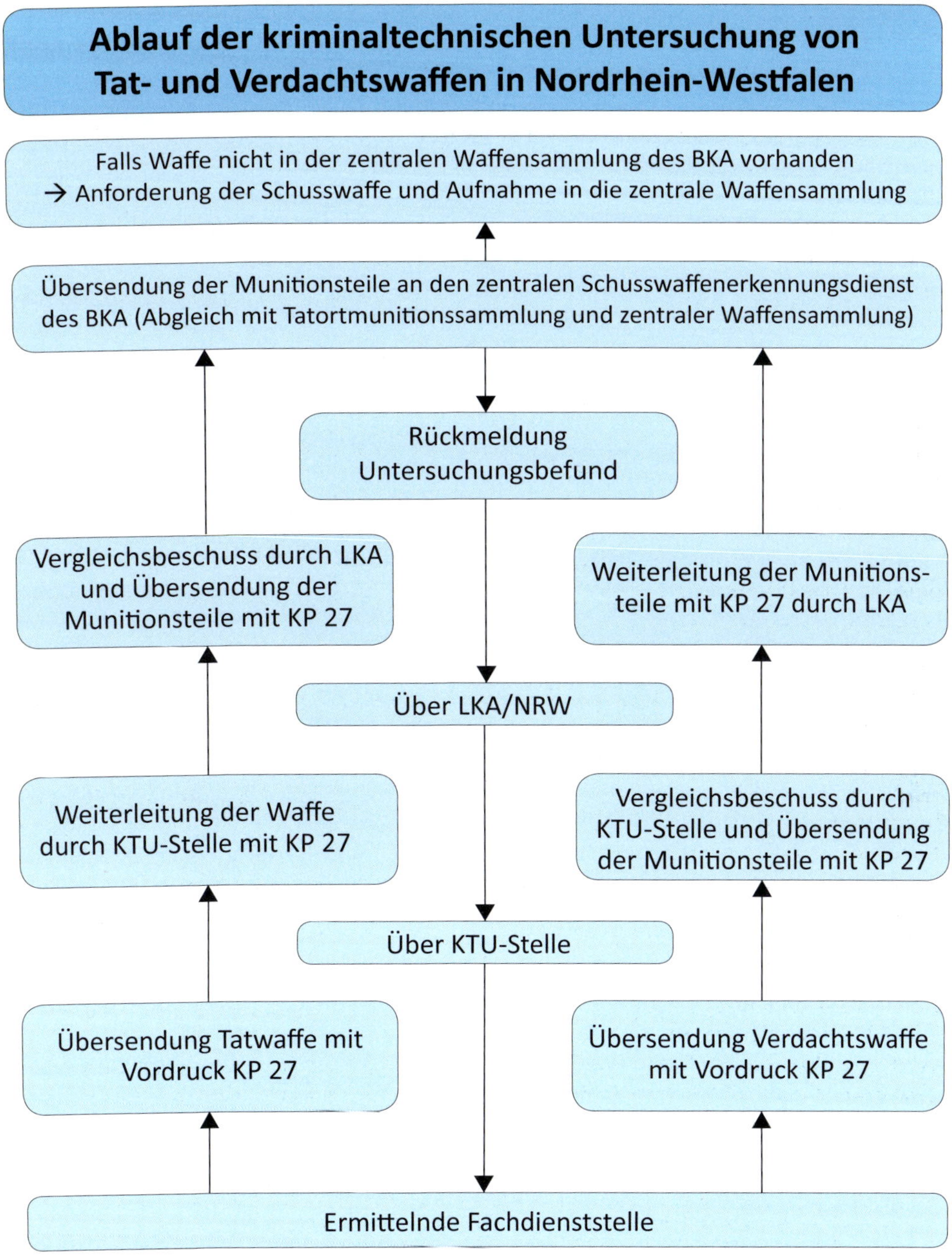

Abb. 28: Kriminaltechnische Untersuchung von Tat- und Verdachtswaffen in NRW

Nach dem **Vergleichsbeschuss** sind die Schusswaffen, insofern sie nicht in die Waffensammlung des BKA aufgenommen werden, der zuständigen Dienststelle (Fachkommissariat) zurückzusenden. Sie sind Asservate in dem anhängigen Strafverfahren und als solche, wenn sie für weitere kriminaltechnische Untersuchungen nicht mehr benötigt werden, der zuständigen Staatsanwaltschaft zu übergeben.

Ist nur ein **Funktionsbeschuss** durchzuführen, so wird die Waffe der zuständigen KTU-Stelle übersandt.

Waffen, Munition und Munitionsteile sind grundsätzlich so zu verpacken, dass eine eindeutige Kennzeichnung von Tatmunition und Vergleichsmaterial gewährleistet ist. Die Verpackung muss so beschaffen sein, dass eine Beschädigung der übersandten Gegenstände ausgeschlossen ist. Schusswaffen und Munition sind nur durch Kuriere zu übersenden und persönlich gegen Übergabeprotokoll auszuhändigen.

Bei der aufgefundenen Waffe handelt es sich um einen Spurenkomplex. Die Auffindungssituation selbst ist als Situationsspur anzusehen. Die Waffe wurde in der Schublade der Flurkommode gefunden, das Magazin war mit 7 Patronen gefüllt. Ob die Waffe durchgeladen und gesichert oder entsichert war, geht aus dem Sachverhalt nicht hervor. In jedem Fall befand sich die Waffe zugriffsbereit und geladen in der Wohnung des Beschuldigten. Für den Besitz der Waffe und der Munition hätte es einer Waffenbesitzkarte bedurft, somit liegt hier ein Vergehen nach dem Waffengesetz vor, die Schusswaffe und die Munition unterliegen nach § 56 WaffG der Einziehung.

Die im Sachverhalt bei dem Beschuldigten aufgefundene Waffe ist als Gegenstandsspur anzusehen. Durch die Aufschrift auf der Waffe ergibt sich als Hersteller die Firma Walther, ein langjähriger deutscher Waffenhersteller. Über die Waffennummer 675 876 können bei der Firma Walther das Herstellungsdatum, der Verkaufstermin und der abnehmende Waffenhändler ermittelt werden. Durch Ermittlungen bei dem Waffenhersteller lässt sich nun der Käufer der Waffe ermitteln. Sollte dieser die Waffe weiterverkauft haben, so lassen sich die Personalien des neuen Käufers sowohl über ihn als auch die für seinen Wohnsitz zuständige Polizeiverwaltung ermitteln. Häufig endet die Spur damit, dass die Waffe anlässlich eines Wohnungseinbruchs abhandengekommen ist (sein soll).

Mit der Waffe verfeuerte Munitionsteile (Geschosse und Hülsen) lassen sich aufgrund individueller Merkmale eindeutig der Waffe zuordnen (Individualbeweis).

Der konkrete Beweiswert ergibt sich hier aus einer Kombination unterschiedlicher Spuren. Im vorliegenden Fall sind an den glatten Waffenteilen sowie am Magazin und der geladenen Munition Fingerspuren zu erwarten. Gleichfalls werden an der Waffe DNA-Spuren der Person, die diese Waffe geladen und ggf. gereinigt und zerlegt hat, zu finden sein. In beiden Fällen handelt es sich um Spuren, die individuell einer Person zuzuordnen sind. Sollten diese Spuren von Seemann stammen, so wird ihm nicht nur der bloße Waffenbesitz nachzuweisen sein, sondern auch, dass er die Waffe persönlich geladen und ggf. gereinigt hat.

Der Beschuldigte wird erkennungsdienstlich behandelt, gleichfalls werden beim Beschuldigten Körperzellen mittels Speichelprobe genommen. Somit liegt

Vergleichsmaterial zum Abgleich mit an der Schusswaffe gefundenen Fingerspuren und DNA-Spuren vor.

An der Waffe gesicherte Fingerspuren werden mit den gesicherten Fingerabdrücken des Beschuldigten der Nachrichtensammelstelle, hier PP Recklinghausen, zum Abgleich übersandt. Die gesicherte Speichelprobe des Beschuldigten und an der Waffe gesicherte DNA-Abriebe werden durch die KTU-Stelle dem LKA zur vergleichenden Untersuchung übersandt. Die Schusswaffe ist in der Auffindungssituation zu fotografieren. Fingerspuren sind an der Schusswaffe mittels Cyanacrylatbedampfung zu sichern. Daher ist nach Sicherung der Waffe bzw. Prüfung der Stellung der Waffensicherung – unter Verwendung von Einweghandschuhen – aus der Waffe das Magazin zu entnehmen. Dieses ist mit der Munition in eine Papiertüte zu verpacken, eine weitere Spurensicherung kann auf der Dienststelle erfolgen. An der Waffe ist zu prüfen, ob sich im Waffenlauf eine Patrone befindet, falls ja, ist diese Patrone zu entladen und separat zu verpacken. Die Waffe ist dann gleichfalls in einer Papiertüte zu verpacken und als entladen zu kennzeichnen. Sämtliche Asservate sind als Spurenträger zu kennzeichnen und außerhalb des Zugriffsbereichs des Beschuldigten aufzubewahren. Die vorgenommenen Spurensicherungsmaßnahmen und die gesicherten Spuren sind in einem Spurensicherungsbericht niederzulegen. Nach der Sicherung von Fingerspuren mittels Cyanacrylatbedampfung beim örtlichen Erkennungsdienst erfolgt dann eine Sicherung von DNA-Spuren an der Waffe und den Munitionsteilen.

Bislang kann die Begehung einer konkreten Straftat mit dieser Waffe nicht nachgewiesen werden. Seemann ist bereits wegen Raubes auf eine Tankstelle strafrechtlich in Erscheinung getreten. Die Begehung einer Straftat unter Verwendung der Schusswaffe ist ihm durchaus zuzutrauen. Die Waffe ist daher als Verdachtswaffe einzustufen. Durch die sachbearbeitende Dienststelle wird die Waffe – unter Fertigung und Beifügung der Waffenmeldung KP 27 – der zuständigen KTU-Stelle zum Vergleichsbeschuss übersandt. Die gewonnenen Munitionsteile (Geschoss und Hülse) werden über das LKA NRW dem BKA übersandt und dort mit der Tatortmunitionssammlung abgeglichen. Über den Untersuchungsbefund wird die örtliche Dienststelle über LKA NRW und die KTU-Stelle informiert.

Die im Rahmen eines Vergleichsbeschusses gewonnenen Munitionsteile (Geschoss und Hülse) werden mit der Tatortmunitionssammlung des Bundeskriminalamtes abgeglichen. Sollte mit der Schusswaffe bereits anlässlich einer Straftat geschossen worden sein, so befinden sich die Geschosse bzw. Hülsen in der Tatortmunitionssammlung. Sie können der Waffe dann zweifelsfrei zugeordnet werden. Die Waffe steht dann als Tatwaffe dieser Delikte zweifelsfrei fest. Durch weitere Ermittlungen zu klären wäre, ob Seemann zum tatkritischen Zeitpunkt bereits im Besitz der Waffe gewesen ist.

Die Waffe und überzählige Munition werden nach Abschluss der kriminaltechnischen Untersuchung der zuständigen Staatsanwaltschaft als Beweismittel – mittels Kurier – übersandt.

4.5.2 Munition

Munition ist nach Anlage 1 zum Waffengesetz u.a. zum Verschießen aus Schusswaffen bestimmte

- Patronenmunition,
- Kartuschenmunition,
- hülsenlose Munition,
- pyrotechnische Munition.

Patronenmunition sind Hülsen mit Ladungen, die ein Geschoss enthalten oder Geschosse mit Eigenantrieb.[21] In der Masse wird bei der Begehung von Straftaten Patronenmunition verwendet bzw. bei polizeilichen Maßnahmen vorzugsweise diese Munition aufgefunden und sichergestellt oder beschlagnahmt. Daher beziehen sich die nachfolgenden Ausführungen auf diese Munitionsart.

Patronenmunition besteht aus folgenden wesentlichen Teilen/Stoffen, die später spurenrelevant sind:

- Hülse,
- Treibmittel und Anzündsatz,
- Geschoss.

Geschosse im Sinne des Waffengesetzes sind als Waffen oder für Schusswaffen bestimmte feste Körper, gasförmige, flüssige oder feste Stoffe mit Umhüllungen.[22]

Abb. 29: Patrone Kal. 9 x 19

Munition ist relevant als

- Spur,
- Spurenverursacher,
- Spurenträger.

---

21 Anlage 1, 1. Abschnitt, Unterabschnitt 3, Ziff. 1.1 zum Waffengesetz vom 11.10.2002 (BGBl. I S. 3970; Ber. S. 4592 und 2003 S. 1957), zuletzt geändert durch Gesetz vom 17.7.2009 (BGBl. I S. 2062).

22 Anlage 1, 1. Abschnitt, Unterabschnitt 3, Ziff. 3 zum Waffengesetz vom 11.10.2002 (BGBl. I S. 3970; Ber. S. 4592 und 2003 S. 1957), zuletzt geändert durch Gesetz vom 17.7.2009 (BGBl. I S. 2062).

Abb. 30: Patrone Kal. 9 x 19

4.5.2.1 Hülse

Die Patronenhülse wird bei Selbstladewaffen nach der Schussabgabe automatisch ausgeworfen und kann somit am Standort des Schützen aufgefunden werden. Die meisten Waffen werfen die Hülse nach rechts aus.

Abb. 31: Hülsenauswurf nach Schussabgabe aus einer halbautomatischen Selbstladepistole

Bei Revolvern verbleibt die Hülse nach der Schussabgabe in der Trommel der Waffe und ist somit grundsätzlich nicht am Tatort auffindbar.

Abb. 32: Patronenhülse Kal. 9 x 19 mm

Abb. 33: Patronenhülse Kal. 9 x 19 mm

Spurenart
Patronenhülsen sind bei der Auffindung am Tatort als Spurenkomplex anzusehen. Die Auffindungs- oder Sicherstellungssituation ist zunächst als Situationsspur zu werten. Die Hülse ist als Gegenstandsspur anzusehen. Die waffentypischen Spurzeichnungen an der Hülse, so u.a. durch Schlagbolzen, Ausstoßer und Auszieher sind als Formspuren in Form von Eindruckspuren zu klassifizieren.

Weiter besteht die Möglichkeit, dass die Hülse auch noch Träger daktyloskopischer Spuren (Formspur als Abdruckspur) oder von DNA-Spuren (Materialspur) ist.

Allgemeine Beweiskraft
„Bei einer Schussabgabe wird der Anzündsatz der Patrone durch den Schlagbolzen der Waffe gezündet, der auf den Hülsenboden aufschlägt. Er hinterlässt dort einen Abdruck seiner Oberfläche. Aufgrund des hohen Gasdrucks beim Zünden der Patrone, der diese in ihr Lager presst, prägt sich außerdem die Oberflächenstruktur des Laufverschlusses auf dem Boden der Patronenhülse ein. Die dort abgeformten Oberflächen tragen sowohl Spuren der Herstellung als auch des Gebrauchs. Dabei wird die Spurenbildung durch äußerst variantenreiche, größtenteils zufallsbestimmte Prozesse bestimmt. Die Ausprägung der so entstandenen Riefen und Kratzer ist daher in ihrer Gesamtheit einmalig.“[23] Diese Formspuren sind somit als Individualspuren anzusehen, aufgefundene Patronenhülsen können zweifelsfrei der spurverursachenden Schusswaffe zugeordnet werden.

Konkreter Beweiswert
Der konkrete Beweiswert ergibt sich jeweils aus der unterschiedlichen Kombination verschiedener Spuren und bedarf vielfach auch der Erklärung durch die Vernehmung von Zeugen und Beschuldigten.

Die Lage von Hülsen am Tatort einer Straftat ist als Situationsspur anzusehen. Oft werden sie rechts des Schützenstandortes gefunden, dies deutet auf eine halbautomatische Selbstladewaffe als Tatwaffe hin. Die Zahl der aufgefundenen Hülsen gestattet den Rückschluss auf die Zahl der abgegebenen Schüsse.

Auf dem Hülsenboden ist meist die Kaliberbezeichnung, oft auch eine Herstellerkennung aufgedruckt. Ausstoßer, Auszieher und Schlagbolzen sind Hersteller- und Waffentypspezifisch gefertigt und angeordnet, anhand der unterschiedlichen Spurzeichnungen kann zunächst eine Waffensystembestimmung erfolgen. Dies ist zunächst einmal als Gruppenbeweis anzusehen.

Wird im Rahmen der Ermittlungen eine mögliche Tatwaffe erlangt, so erfolgt ein Vergleichsbeschuss. Anschließend wird die erlangte Hülse des Vergleichsbeschusses mit der Hülse vom Tatort abgeglichen. Aufgrund der individuellen Spurzeichnungen an den Patronenhülsen kann die am Tatort gesicherte Hülse hierbei der Waffe zweifelsfrei zugeordnet werden oder die Waffe zweifelsfrei als spurverursachend ausgeschlossen werden.

Auch an Hülsen verfeuerter Patronen lassen sich unter optimalen Bedingungen noch daktyloskopische Spuren und ggf. noch DNA-Spuren sichern. Diese gestatten die individuelle Zuordnung zum Spurenverursacher. Hier ist jedoch durch Vernehmungen zu klären, welche Personen unter welchen konkreten Umständen die Hülsen vor der Sicherstellung angefasst haben.

23 Anders/Bratzke/Gotthardt/Parzeller, S. 196.

Spurensicherung
Die Lage der Hülsen am Tatort ist mit Spurentafeln zu kennzeichnen. Von der Tatortsituation sind zunächst Übersichtsaufnahmen, anschließend Detailaufnahmen mit angelegtem Maßstab zu fertigen. Um einer Beschädigung der an der Hülse vorhandenen Formspuren vorzubeugen, sind bei der Spurensicherung grundsätzlich keine Werkzeuge aus Metall zu verwenden.

Hülsen sind so zu verpacken, dass eine Deformation oder sonstige Beschädigung des Spurenträgers ausgeschlossen ist (z.B. Spurensicherungsglas mit Fliespapier). Eine Sicherung von daktyloskopischen Spuren sollte unter optimalen Bedingungen auf der Dienststelle durch den Erkennungsdienst erfolgen. Sollen an der Hülse noch körperzellenhaltige Spuren gesichert werden, so ist auf Sterilität und DNA-Freiheit der Verpackung und des eingelegten Fliespapiers zu achten.

Eine Reinigung von Munitionsteilen anlässlich der Sicherstellung hat zu unterbleiben, diese Aufgabe ist der KTU-Stelle vorbehalten.

Vergleichsmaterial
Als Vergleichsmaterial zur Spurenuntersuchung werden bezeichnet

- Patronenhülsen und Geschosse, die durch Vergleichsbeschuss einer sichergestellten Schusswaffe zum Zwecke der vergleichenden Spurenuntersuchung gewonnen wurden,
- Patronenhülsen, Geschosse und Patronen, die nicht Tatmunition sind und im Zuge der Ermittlungen sichergestellt wurden mit dem Ziel, über vergleichende Untersuchungen mit der Tatmunition eine Verbindung zur Tat herzustellen.

Spurenauswertung
Durch den Sachbearbeiter des zuständigen Fachkommissariates wird der Vordruck KP 27 erstellt. Mit diesem Vordruck wird die Hülse über die zuständige KTU-Stelle und das Landeskriminalamt NRW dem Bundeskriminalamt übersandt. Das BKA gleicht die übersandten Munitionsteile dann mit der zentralen Tatortmunitionssammlung ab.

In der zentralen Tatortmunitionssammlung des Bundeskriminalamtes wird Tatmunition aus dem gesamten Bundesgebiet registriert, ausgewertet, verglichen und gesammelt. Die zentrale Tatortmunitionssammlung unterteilt sich in

- eine Arbeitssammlung, in der sich Tatmunition mit solchen Waffenspuren befindet, die im optimalen mikroskopischen Standardvergleich bearbeitet werden können,
- eine Hinweissammlung, in der sich in der Hauptsache diejenige Tatmunition befindet, die wegen nicht ausreichender Qualität und/oder Qualität der Waffenspuren nur auf konkreten Hinweis verglichen werden kann,
- eine Verwahrsammlung, in der in der Hauptsache solche Tatmunition als Beweismittel aufbewahrt wird, anhand derer die Identifizierung einer Tatwaffe nicht möglich ist. [24]

---

24 Ziff. 3.1 Allgemeine Verwaltungsvorschrift über den zentralen Schusswaffenerkennungsdienst des Bundeskriminalamtes (WaffErkDVwV) vom 15.04.1999 (GMBl. S. 263).

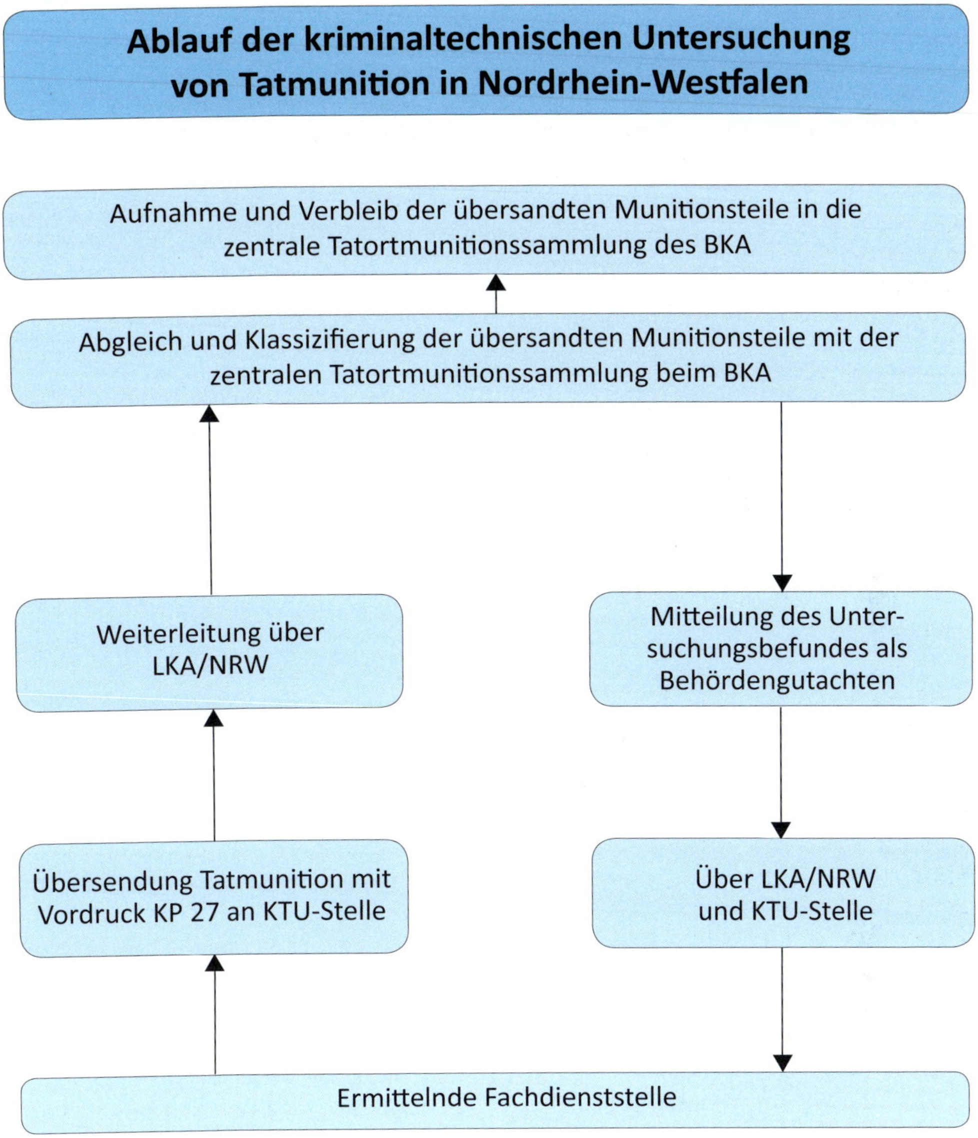

Abb. 34: Kriminaltechnische Untersuchung von Tatmunition in NRW

Nach Abschluss der Untersuchung teilt das BKA mit Behördengutachten der beauftragenden Polizeibehörde den Untersuchungsbefund mit, sowie in welche der o.a. Sammlungen die Munitionsteile aufgenommen wurden.

Wie lange Tatmunition zu ungeklärten Straftaten in der zentralen Tatortmunitionssammlung verbleibt, ergibt sich aus den Fristen der §§ 78 bis 78c des Strafgesetzbuches über die Strafverfolgungsverjährung entsprechend der Straftat, die der Tat zugrunde liegt. [25]

25 Ziff. 3.6 Allgemeine Verwaltungsvorschrift über den zentralen Schusswaffenerkennungsdienst des Bundeskriminalamtes (WaffErkDVwV) vom 15.04.1999 (GMBl. S. 263).

4.5.2.2 Geschoss

Der mögliche Fundbereich verfeuerter Geschosse ist ausgesprochen groß, Geschosse aus Waffen mit gezogenem Lauf haben, je nach Abschusswinkel, einen Flugbereich von deutlich über 1 000 Metern. Sinnvoll ist hier zunächst, mittels heuristischer Mittel eine Eingrenzung des möglichen Suchbereichs vorzunehmen.

Abb. 35: Auswertefähiges Geschoss mit Deformationsspuren

Abb. 36: Teilzerstörtes, jedoch noch auswertefähiges Geschoss

Abb. 37: Teilzerstörtes, jedoch noch auswertefähiges Geschoss

Abb. 38: Auswertefähig erhaltene Splitter des Geschossmantels

Spurenart

Das Geschoss ist als Gegenstandsspur anzusehen. An dem Geschoss befinden sich die individuellen Spurzeichnungen des Waffenlaufs, sie sind als Formspuren, die sich als Eindruckspuren darstellen, zu klassifizieren. Die Auffindungssituation des Geschosses ist als Situationsspur anzusehen, sie gestattet u.a. Rückschlüsse darauf wie das Geschoss an den Fundort gelangen konnte.

Allgemeine Beweiskraft

„Beim Abfeuern eines Schusses entstehen an dem zylindrischen Teil der Oberfläche des Geschosses Spuren, die durch den massiven Kontakt mit der Innenseite des Waffenlaufes erzeugt werden. Das Laufinnere weist geringe Vertiefungen in Form lang gezogener Spiralen auf (sog. Züge), die dem Geschoss einen Drall geben. Die erhabenen Flächen des Laufs (sog. Felder) drücken sich dabei in die Geschossoberfläche ein. Ein solcher Abdruck der Laufinnenfläche einer Waffe auf dem Geschoss weist hinsichtlich Anzahl, Breite und Winkel der Feldabdrücke charakteristische Besonderheiten auf, deren Auswertung bereits Rückschlüsse auf den Waffentyp zulässt.“ [26] Hierzu wird das aufgefundene Projektil mit der zentralen Waffensammlung des BKA abgeglichen. Die Waffensystembestimmung ist als Gruppenbeweis anzusehen.

Der Waffenlauf wird industriell hergestellt und spanabhebend bearbeitet. Hierbei entstehen individuelle Bearbeitungsspuren. Während der Gebrauchszeit der Waffe entstehen weitere individuelle Spurzeichnungen im Waffenlauf. Beim Verfeuern übertragen sich diese individuellen Merkmale auf das Geschoss, sodass eine zweifelsfreie Zuordnung zur spurverursachenden Waffe möglich ist (→ Individualbeweis).

Konkreter Beweiswert

Der konkrete Beweiswert ergibt sich aus einer Kombination unterschiedlicher Spuren. So gibt die Auffindungssituation oft Aufschluss darüber, wie das Projektil an Ort und Stelle gelangte.

Anhand der Geschosse, bzw. Geschossteile können zunächst einmal das Waffenkaliber und die Geschossart bestimmt werden. Dies ist als Gruppenbeweis anzusehen. Weiter kann bei Geschossen vielfach eine Waffensystembestimmung durchgeführt werden, d.h. es kann feststellt werden, aus welchem Waffentyp bzw. Waffenmodell das Geschoss abgefeuert wurde. Auch dies ist grundsätzlich als Gruppenbeweis anzusehen. Weiter steht häufig die Fragestellung im Vordergrund, ob bei der Tat alle Projektile aus einer Waffe verschossen oder mehrere Waffen zur Schussabgabe verwendet wurden.

Wird im Rahmen der Ermittlungen eine mögliche Tatwaffe erlangt, so erfolgt ein Vergleichsbeschuss. Anschließend werden beide Geschosse miteinander verglichen. Aufgrund der individuellen Spurzeichnungen des Waffenlaufs an den verfeuerten Projektilen kann das sichergestellte Projektil der untersuchten Schusswaffe zweifelsfrei zugeordnet werden, oder die Waffe kann als spurverursachend ausgeschlossen werden.

Kann keine mögliche Tatwaffe ermittelt werden, so wird das Geschoss mit der Tatortmunitionssammlung abgeglichen und dort aufgenommen. Über die individuelle Spurzeichnung an den Geschossen können hier Tatzusammenhänge mit weiteren Schusswaffendelikten hergestellt werden.

26 Anders/Bratzke/Gotthardt/Parzeller, S. 196.

Spurensicherung
Zunächst einmal ist der Lage- bzw. Einschlagort des Geschosses in geeigneter Form kenntlich zu machen, bzw. zu markieren. Es sind dann Übersichtsaufnahmen sowie Detailaufnahmen mit angelegtem Maßstab zu fertigen.

Geschosse, die problemlos aufgenommen werden können, sind ohne Verwendung von Metallwerkzeugen sicherzustellen. Die Verpackung erfolgt in Spurensicherungsgläsern auf Fliespapier, sodass eine Beschädigung waffentypischer Formspuren am Geschoss ausgeschlossen ist. Sind Geschosse in Holz oder Mauerwerk eingedrungen, so sind sie vorsichtig mit dem umgebenden Material herauszulösen und zu sichern.

Bei deformierten bzw. zerlegten Geschossen sind grundsätzlich sämtliche Geschossbestandteile zu sichern.

Geschosse, die in den menschlichen Körper eingedrungen sind, werden durch den behandelnden Arzt herausoperiert und durch die Polizei sichergestellt. Hierbei ist der behandelnde Arzt dazu anzuhalten, soweit möglich, die Geschosse nicht mittels metallischer OP-Werkzeuge herauszuoperieren, um keine Spurenveränderung herbeizuführen. Im Abwägungsfall geht stets das Patientenwohl dem Interesse an der Beweisführung vor.

Bei getöteten Personen werden die Projektile durch den Rechtsmediziner im Rahmen der Obduktion gesichert. Zur Beweissicherung wird hier zunächst der Schusskanal/Einschusswinkel markiert und fotografisch dokumentiert und anschließend das Projektil herauspräpariert. Bei der Spurensicherung ist die Möglichkeit einer Schussrichtungsbestimmung oder Schussentfernungsbestimmung bereits zu prüfen.

Vergleichsmaterial
Als Vergleichsmaterial zur Spurenuntersuchung werden bezeichnet

- Patronenhülsen und Geschosse, die durch Vergleichsbeschuss einer sichergestellten Schusswaffe zum Zwecke der vergleichenden Spurenuntersuchung gewonnen wurden,
- Patronenhülsen, Geschosse und Patronen, die nicht Tatmunition sind und im Zuge der Ermittlungen sichergestellt wurden mit dem Ziel, über vergleichende Untersuchungen mit der Tatmunition eine Verbindung zur Tat herzustellen.

Spurenauswertung
Durch den Sachbearbeiter der Ermittlungsdienststelle wird der Vordruck KP 27 erstellt. Mit diesem Vordruck wird/werden das Geschoss/die Geschossteile über die zuständige KTU-Stelle und das Landeskriminalamt NRW dem Bundeskriminalamt übersandt. Das BKA gleicht dann die übersandten Geschosse/Geschossteile mit der zentralen Tatortmunitionssammlung ab.

Die übersandten Geschosse/Geschossteile werden klassifiziert und entweder in die Arbeitssammlung, die Hinweissammlung oder die Verwahrsammlung aufgenommen.

Nach Abschluss der Untersuchung teilt das BKA mit Behördengutachten der einsendenden Polizeibehörde den Untersuchungsbefund mit sowie in welche der o.a. Sammlungen die Munitionsteile aufgenommen wurden. Auch für Geschosse gilt die schematische Darstellung des Untersuchungsablaufes zu Ziff. 4.5.2.1.

4.5.2.3 Schrotgeschosse

Schrotgeschosse werden mit Flinten verschossen. Hierbei handelt es sich i.d.R. um Jagdwaffen mit glatten Läufen. Eine Schrotpatrone besteht aus folgenden wesentlichen Komponenten:

- Patronenhülse (Kunststoff oder Pappe mit Metallbodenteil),
- Verschlussdeckel (nicht bei Patronen mit Bördelverschluss),
- Schrotladung,
- Filzstopfen oder Kunststoffhülse,
- Treibladungsmittel.

Üblicherweise werden in Deutschland Schrotgrößen zwischen 2,0 und 4,0 mm Durchmesser verwendet. Das durchschnittliche Gewicht der gesamten Schrotladung liegt zwischen 26 und 36 g, je nach verwendetem Kaliber.

Abb. 39: Schrotmunition

Aus Flinten können nicht nur Schrotgeschosse verschossen werden, sondern auch Einzelgeschosse (sog. Flintenlaufgeschosse). Hierbei handelt es sich i.d.R. um ein Bleigeschoss von ca. 30 – 35 g.

Spurenart

Schrotgeschosse sind als Gegenstandsspur anzusehen. An dem Geschoss befinden sich jedoch keine individuellen Spurzeichnungen des Waffenlaufs, da sie durch einen glatten Lauf getrieben wurden. Die Schrotkugeln weisen zwar Deformationen, jedoch keine individuellen Spuren auf, die der verfeuernden Waffe zugeordnet werden können. Gleiches gilt für sog. Flintenlaufgeschosse.

Die Auffindungssituation der Schrotgeschosse, insbesondere deren Streuung am/im Ziel ist als Situationsspur anzusehen. Sie gestattet u.a. Rückschlüsse auf die grobe Schussentfernung.

Allgemeine Beweiskraft
Auch hier ergibt sich der konkrete Beweiswert aus einer Kombination unterschiedlicher Spuren. So gibt die Auffindungssituation oft Aufschluss darüber, wie das Projektil an Ort und Stelle gelangte.

Anhand der Geschosse bzw. der Geschossteile können zunächst die Geschossart sowie die verwendete Schrotgröße festgestellt werden. Dies ist als Gruppenbeweis anzusehen. Aufgrund der aufgefundenen Schrote ist eine Waffensystembestimmung jedoch genauso wenig möglich wie die Aussage, ob zur Tatbegehung eine oder mehrere Tatwaffen benutzt wurden.

Treibspiegel, Filzpfropfen und Schrotbecher liefern wertvolle Hinweise auf die verfeuerte Munition, so u.a. Kaliber, Hersteller (→ Gruppenbeweis).

Konkreter Beweiswert
Der konkrete Beweiswert ergibt sich aus einer Kombination unterschiedlicher Spuren. So gibt die Auffindungssituation der Schrote und ggf. deren Streuung u.a. Aufschluss darüber, wie die Geschosse an Ort und Stelle gelangten bzw. über die Schussentfernung.

Durch die Schrote können die Geschossart und die Schrotstärke bestimmt werden. Dies ist als Gruppenbeweis anzusehen. Häufig können auch die Zahl der abgegebenen Schüsse bzw. die Zahl der getroffenen Geschosse festgestellt werden. Die individuelle Zuordnung der Schrote zu einer „Tatwaffe" ist hingegen nicht möglich.

Wird bei einem Tatverdächtigen Munition sichergestellt bzw. beschlagnahmt, so kann festgestellt werden, ob sie hinsichtlich der Schrotstärke bzw. hinsichtlich des Flintenlaufgeschosses der Tatmunition entspricht. Dies ist als Gruppenbeweis anzusehen.

Spurensicherung
Der Lage- bzw. der Einschlagort des Geschosses ist in geeigneter Form kenntlich zu machen. Es sind dann Übersichts- und Detailaufnahmen zu fertigen.

Geschosse, die problemlos aufgenommen werden, sind ohne Verwendung von Metallwerkzeugen sicherzustellen, um unnötige Verformungen zu vermeiden. Die Verpackung erfolgt in Spurensicherungsgläsern auf Fliespapier.

Vergleichsmaterial
Als Vergleichsmaterial kommen hier Schrote von anderen Tatorten in Betracht sowie Schrotmunition, die bei Verdächtigen aufgefunden wird.

Spurenauswertung
Durch den Sachbearbeiter des Kriminalkommissariates wird der Vordruck KP 27 erstellt. Mit diesem Vordruck werden die Hülse sowie die aufgefundenen oder gesicherten Geschosse/Geschossteile über die zuständige KTU-Stelle dem Landeskriminalamt NRW übersandt.

Dort werden die Geschosse gutachterlich untersucht und bewertet. Eine Übersendung der Schrotgeschosse an das BKA unterbleibt, da wegen der mangelnden Zuordnungsfähigkeit der Schrote zu einer möglichen Tatwaffe, keine Aufnahme in die Tatortmunitionssammlung des BKA erfolgt. Nach Abschluss der Untersuchung wird dem Sachbearbeiter der Untersuchungsbefund mitgeteilt.

Die Patronenhülse wird durch das LKA dem BKA zum Abgleich und zur Aufnahme in die Tatortmunitionssammlung übersandt.

4.5.3 Schussspuren

4.5.3.1 Schussrückstände (GSR)

Bei der Schussabgabe wird das in der Patrone befindliche Zündmittel, meist Nitrozellulose, gezündet. Das Treibmittel ist zwar weitgehend rauchlos, brennt jedoch bei der Verfeuerung nicht rückstandfrei ab. Die Verfeuerungsrückstände werden gemeinhin als Schmauchspuren oder als GSR (gunshot residues) bezeichnet.

Keine Waffe ist im Verschlussbereich so dicht gearbeitet, dass nach einer Schussabgabe keine GSR austreten. Somit sind bei Kurzwaffen grundsätzlich GSR an der Schusshand des Schützen sowie im umliegenden Bekleidungsbereich zu finden, bei der Schussabgabe durch Langwaffen im Gesicht und umliegenden Bekleidungsbereich. Hierbei handelt es sich i.d.R. um Verbrennungsrückstände des Treibladungssatzes. Diese zeigen sich vielfach als dunkle, bisweilen aber auch gräuliche oder ockerfarbene Partikel.

Die Verfeuerungsrückstände haften nur sehr lose an der Hautoberfläche, durch Abreiben oder Waschen der Hände sind sie leicht zu entfernen.

Spurenart
Schmauchspuren sind hinsichtlich des Niederschlags selber als Materialspur anzusehen.

Die quantitative Verteilung der Schmauchspuren an der Schusshand/Bekleidung des Schützen ist als Situationsspur anzusehen. Anhand der Verteilung/Ausprägung der Schmauchspuren kann unter optimalen Voraussetzungen der Nachweis geführt werden, ob die Spuren zufällig entstanden (z.B. durch bloßes Anfassen der Tatwaffe) oder ob die Spuren durch eine Schussabgabe entstanden sind.

Allgemeine Beweiskraft
Die chemische Zusammensetzung von GSR kann analysiert werden und es kann der Nachweis geführt werden, dass es sich um schusstypische Verfeuerungsrückstände handelt oder nicht. Somit liegt hier ein Gruppenbeweis vor.

„Häufig anzutreffen ist die Kombination der chemischen Elemente Blei, Antimon und Barium sowie einiger anderer Begleitelemente. Nach dem heutigen Stand der Wissenschaft ist davon auszugehen, dass Partikel, die alle drei genannten Elemente als Hauptbestandteile enthalten, tatsächlich Rückstände einer Schussabgabe sind. Partikel mit dieser Elementkombination gelten daher generell als typisch für Schmauch. Teilchen, die lediglich zwei der Elemente aufweisen oder nur aus Blei bestehen, können zwar durchaus auch von einem Schuss herrühren, aber es kommen auch andere umweltbedingte Ursachen in Betracht.“[27]

Bei der zunehmend häufiger anzutreffenden bleifreien Munition ist dieser Treibmittelbestandteil durch andere Stoffe ersetzt worden, so z.B. durch Zink.

Je nach Lage des Schusswaffendeliktes können am/beim Schützen weitere Spuren gefunden werden, so z.B. Blutspritzer die mittels DNA-Analyse eindeutig dem Tatopfer zugeordnet werden können. Die Variationen sind hier zu vielfältig, um einzeln alle ausgeführt zu werden.

---

27 Anders/Bratzke/Gotthardt/Parzeller, S. 197.

Konkreter Beweiswert
Der konkrete Beweiswert ergibt sich aus der Kombination der unterschiedlichen Spuren, die am potenziellen Schützen gefunden bzw. gesichert werden.

Vielfach ist eine Interpretation der Entstehung der Spuren erforderlich. Hierzu ist eine Vernehmung des Tatverdächtigen/Beschuldigten erforderlich. Die Entstehung möglicher Schmauchspuren an den Händen einer Person ist möglichst frühzeitig vernehmungstechnisch zu klären. Für eine spätere Beweisverwertung vor Gericht ist zwingend eine Belehrung, die der verfahrensrechtlichen Stellung der Person angemessen ist, erforderlich.

Die individuelle Zusammensetzung der Niederschläge an Hand und Bekleidung gestattet die eindeutige Zuordnung als Verfeuerungsrückstände (= Gruppenbeweis) oder als Rückstände, die auch in der Treibladung von Munition vorhanden sind (= Indiz).

Die Verteilung von GSR auf der Hand und an der Kleidung lässt die Aussage zu ob diese Verteilung eher auf eine zufällige Beaufschlagung zurückzuführen ist oder eher verfeuerungstypisch ist.

In einigen Fällen erfolgt die Kombination von GSR und Verletzungen der Schusshand. Häufig handelt es sich hierbei um oberflächliche Hautverletzungen.

Eine nicht unwesentliche Bedeutung kommt hier dem Abgleich der Vernehmung der tatverdächtigen Person mit dem Ergebnis der Spurenauswertung zu. Vielfach lässt sich nachweisen, dass die Aussagen nicht mit dem Ergebnis der Untersuchung übereinstimmt (z.B. habe die Tatwaffe nicht angefasst).

Spurensicherung
Die Spurensicherung darf nur in einem Raum erfolgen, in dem keine Schusswaffen gelagert werden bzw. gelagert wurden. Der Mitarbeiter, der die Spurensicherung durchführt, darf selbst zuvor keinen Kontakt zu beschmauchten Gegenständen gehabt haben. Bei der Spurensicherung sind Einweghandschuhe zu tragen, die nachweisbar keinen Kontakt zu beschmauchten Gegenständen hatten.

„Körperliche Untersuchungen sind alle Maßnahmen, die sich auf die Feststellung der Beschaffenheit des menschlichen Körpers richten, sowie alle Eingriffe. Es braucht sich nicht um dauerhafte Merkmale des Körpers zu handeln, Spuren der Tat wie offene Verletzungen, Hämatome oder Stoffe, die mit dem Körper des Beschuldigten eine Verbindung eingegangen sind, fallen darunter … Die Durchführung einfacher körperlicher Untersuchungen erfordert nicht unbedingt einen Arzt oder anderen Sachverständigen. Auch Polizeibeamte können u.U. die Feststellung der körpereigenen Merkmale eines Beschuldigten durchführen.“[28]

Sollten an der Schusshand offensichtliche Verletzungen (auch leichterer Art) vorhanden sein, so ist stets zunächst von dem Beschuldigten im Wege der verantwortlichen Vernehmung zu klären, wie die Verletzung entstanden ist. Die Verletzung ist sodann fotografisch zu dokumentieren (Nahaufnahme mit Maßstab) und durch einen Rechtsmediziner begutachten zu lassen.

Sollten sich an der Hand des Schützen eventuell Blut und Körpergewebe des Opfers befinden, so besteht hier eine Spurenkonkurrenz. Diese ist je nach Lage des Einzelfalles aufzulösen (so z.B. zunächst Sicherung von Blutanhaftungen und Körpergewebe an der Schusshand, dann GSR).

28 Kramer, S. 246, Rz. 259.

GSR sind mit dem bloßen Auge, auch unter Zuhilfenahme optischer Vergrößerungsmittel, nicht oder kaum erkennbar. Daher erfolgt grundsätzlich immer eine Sicherung von GSR, falls mit deren Auffindung zu rechnen ist. Der Nachweis ob GSR vorhanden waren, erfolgt dann durch eine chemische Auswertung der Untersuchungsstelle.

Die Sicherung von GSR auf der Haut des potenziellen Schützen hängt vom angestrebten Untersuchungsziel ab. Soll nur GSR auf der Haut nachgewiesen werden, so reicht die Sicherung mittels REM-Tabs aus. Diese werden dann später durch das LKA im Labor untersucht.

Umfangreicher wird die Untersuchung, wenn nicht nur der Nachweis von GSR auf der Hand des potenziellen Schützen, sondern auch die flächige Verteilung der GSR nachgewiesen werden soll. Dadurch ist später eine Aussage möglich, ob es sich um eine verfeuerungstypische Verteilung der GSR handelt oder eine sonstige Übertragung der GSR erfolgte, so z.B. durch zufällige Berührung der Tatwaffe. Diese Untersuchung macht jedoch nur Sinn, wenn sie zeitnah zur Schussabgabe erfolgt oder eine mögliche Veränderung der GSR-Beaufschlagung nach der Schussabgabe nicht zu erwarten ist. Die Untersuchung ist dann mittels Tape-Lift-Technik (z.B. REM-Taps) und anschließend mittels schwermetallfreier Klebefolie durchzuführen. Alternativ kann eine Sicherung mittels Tape-Lift-Verfahren und anschließender Sicherung mittels PVAL-Verfahren (Polyvinylalkohol-Lösung) erfolgen.

Abb. 40: REM-TAP Spurensicherungsträger

Abb. 41: Spurensicherung mittels REM-TAP

Bei beiden Verfahrensmöglichkeiten wird zunächst mittels Tape-Lift-Verfahren der wesentliche durch GSR beaufschlagte Bereich zwischen Zeigefinger und Daumen „abgestempelt“. Vor Beginn der Spurensicherung sind frische Einweghandschuhe überzuziehen. Die REM-Tab-Stempel sind zu kennzeichnen. Lediglich der jeweils benutzte REM-Tab-Stempel ist unmittelbar vor der Spurensicherung zu öffnen, einmal auf die zu sichernde Hautstelle aufzubringen und sodann zu verschließen. Die Spurensicherung ist am vorderen Fingerglied des Zeigefingers bis zum letzten Fingerglied des Daumens durchzuführen. Zu der Spurensicherung mittels REM-Tabs ist ein Protokoll zu fertigen. Im Bundesland NRW ist der Protokollvordruck auf der **Intranet-Seite des LKA NRW** downloadfähig eingestellt. [29]

29 Zugriff nur für zugelassene Polizeivollzugsbeamte.

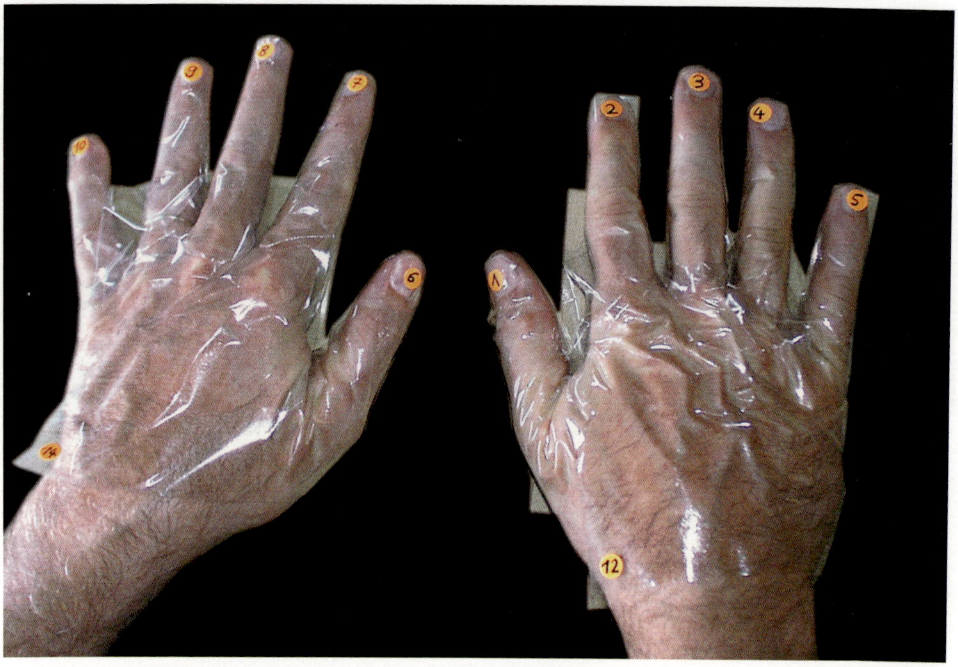

Abb. 42: Abkleben der Handoberseite mittels schwermetallfreier Klebefolie

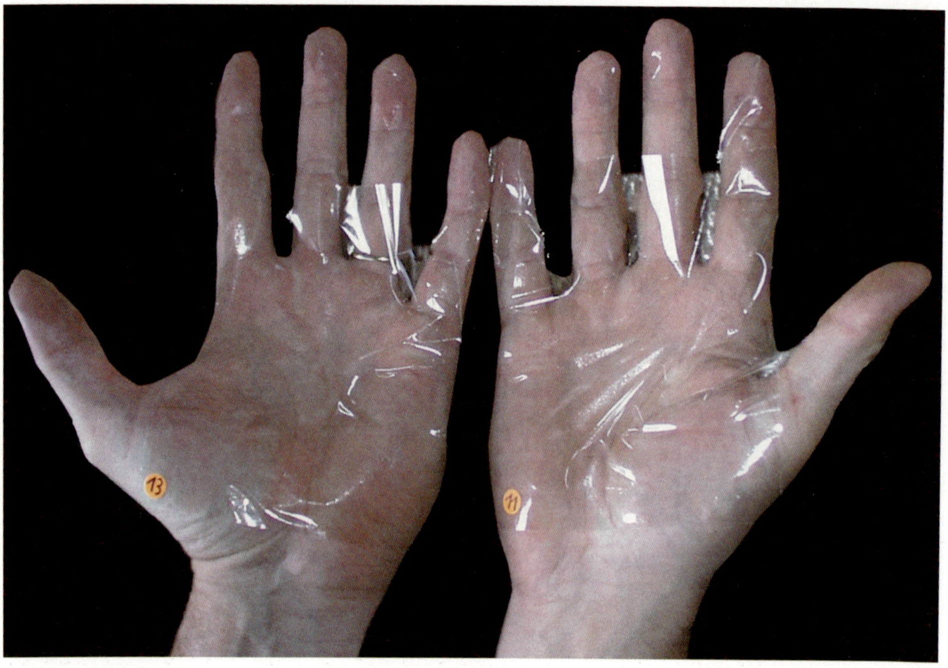

Abb. 43: Abkleben der Handinnenseite mittels schwermetallfreier Klebefolie

Anschließend ist der Bereich der Hand/des Handrückens mittels schwermetallfreier Klebefolie ergänzend abzukleben. Alternativ dazu kann nach der Sicherung mittels Tape-Lift-Verfahren eine Polyvinilalkohol-Lösung auf die Schusshand aufgepinselt werden. Nach zweimaligem Auftrag der Lösung wird zur Verstärkung steriler Mull eingebracht. Anschließend wird erneut zweimal Lösung aufgestrichen. Nach dem Trocknen kann der „Handschuh" dann abgenommen werden. Als Zeitansatz kann hier durchaus von einer halben Stunde ausgegangen werden.

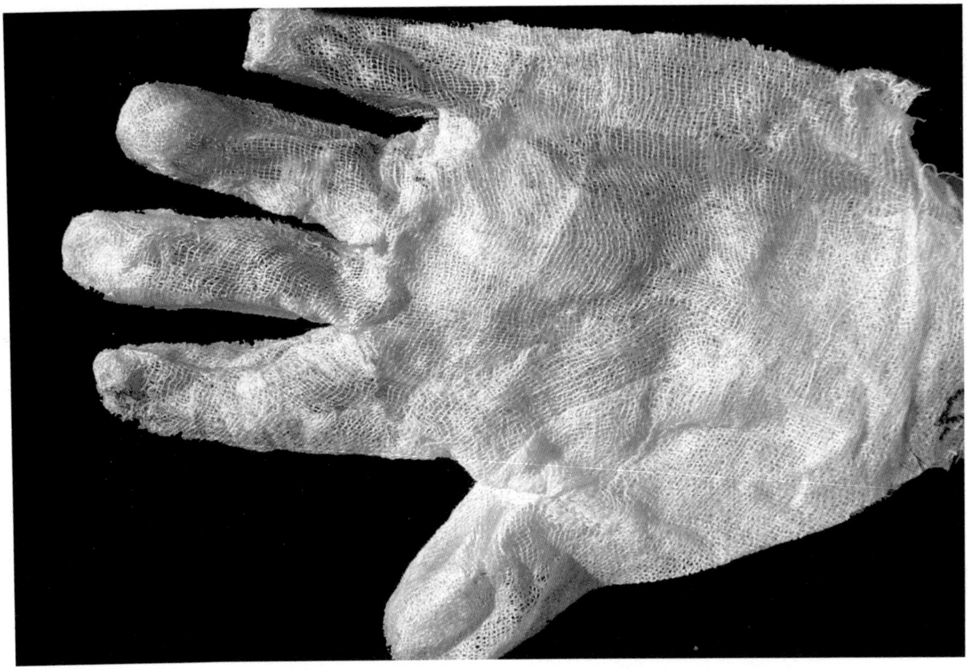

Abb. 44: GSR-Spurensicherung mittels PVAL-Verfahren nach Trocknung des Spurenträgers

Da die Sicherung mittels PVAL-Verfahren einen deutlich längeren Zeitraum als die Sicherung mit schwermetallfreier Klebefolie in Anspruch nimmt und die uneingeschränkte Kooperation des vermeintlichen Schützen/GSR-Trägers voraussetzt, wird in der Praxis der Sicherung mittels Klebefolie häufig der Vorzug gegeben.

Die Oberbekleidung des Schützen ist grundsätzlich im Original sicherzustellen.

Ist eine sofortige Sicherung von GSR an den Händen des Schützen nicht möglich, so ist eine Spurenveränderung durch Abreiben oder Waschen der Hände auf jeden Fall zu verhindern.

GSR sind, je nach Schussentfernung, auch im Bereich des Einschusses zu finden, hierzu jedoch mehr bei der **Schussentfernungsbestimmung**.

Vergleichsmaterial
Vergleichsmaterial dient bei der Schussspurenuntersuchung in erster Linie dazu, Vergleichsschussserien zu erstellen.

Als Vergleichsmaterial ist bei Schusswaffendelikten stets zu sichern:
- Tatwaffe mit unterladener Munition,
- Tatmunition (Hülse und Projektil),
- unverfeuerte Munition aus dem Besitz des Täters.

Ergänzend kommt ggf. Präparationsmaterial vom Einschussbereich des Opfers, ersatzweise bei Verletzten Verbandmaterial der Wunderstversorgung, in Betracht.

Spurenauswertung
Die GSR-Spuren bzw. Spurenträger sind über die KTU-Stelle dem beauftragten Schusswaffensachverständigen zur gutachterlichen Untersuchung und Befunderhebung zuzuleiten.

Zu dem Befund wird durch den Sachverständigen ein Gutachten erstellt. Sichergestellte Materialien, die für die Untersuchung nicht benötigt wurden, sind als Asservate anzusehen und abschließend der Staatsanwaltschaft zuzuleiten.

4.5.3.2 Einschuss/Ausschuss

Bei der ersten Besichtigung des Tatortes/der Leiche besteht häufig das Problem darin, Einschüsse/Schussverletzungen überhaupt zu entdecken, insbesondere bei kleinkalibrigen Schusswaffen. Oft verbleibt das Projektil in dem beschossenen Gegenstand, bzw. dem Körper, sodass von einem Steckschuss zu sprechen ist. Tritt das Projektil aus dem beschossenen Gegenstand bzw. Körper wieder aus, so ist von einem Durchschuss zu sprechen. Hier stellt sich die Problematik, zwischen Einschuss und Ausschuss differenzieren zu können. Der grobe Grundsatz, dass die Einschussöffnung stets kleiner als die Ausschussöffnung ist, stimmt leider nicht immer.

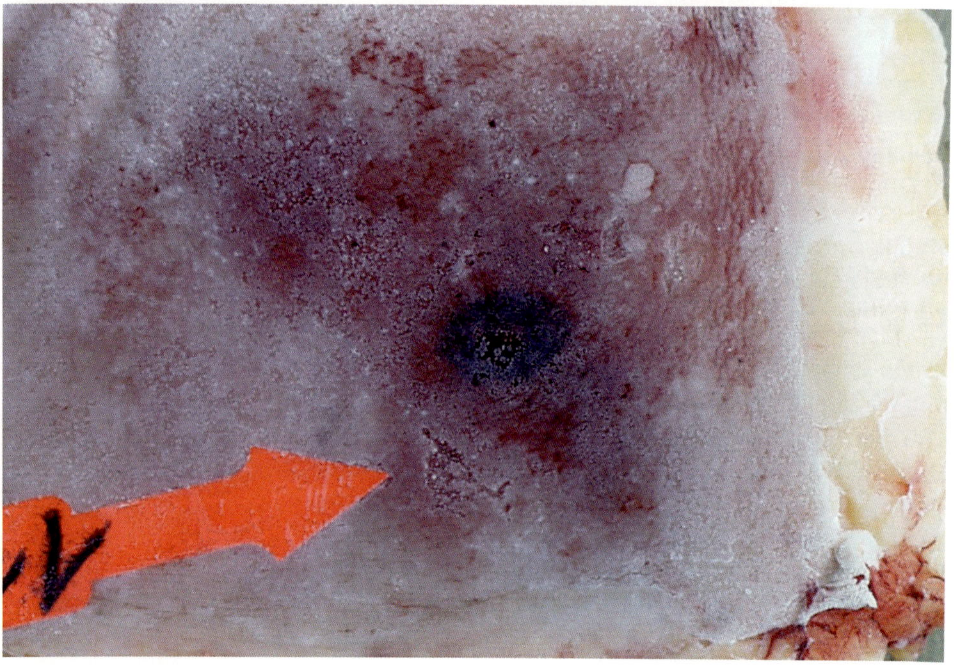

Abb. 45: Einschuss

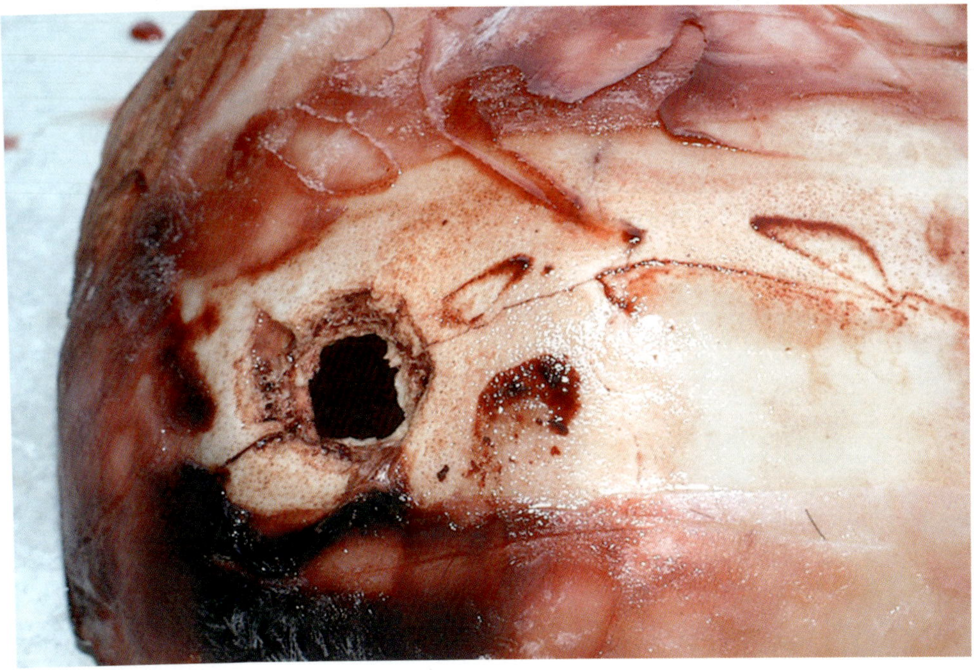

Abb. 46: Ausschuss

„Bei einer Schussabgabe auf ein Ziel entstehen dort auch Veränderungen, die zumeist Rückschlüsse hinsichtlich des Schussverlaufs (Unterscheidung von Einschuss und Ausschuss) und der Schussdistanz (Abstand zwischen Waffenmündung und Ziel) zulassen. Zu den Veränderungen zählen die Ausprägung des Schusslochs, Materialspuren vom Projektil und die Verteilung von Pulverresten und Schmauch im Umfeld des Einschussloches.“ [30]

Unter günstigen Bedingungen ist die Bestimmung des Geschosskalibers aufgrund der Größe der Primäreinschussöffnung möglich.

„Oft ist die Einschussöffnung am sog. Kontusionssaum (auch Kontusionsring oder Schürfsaum) zu erkennen. Beim Auftreffen des Geschosses auf die Haut wird diese trichterförmig eingedrückt und gedehnt, bis sie reißt. Um die Stelle, wo das Projektil die Haut durchdrungen hat, ist die Haut geschürft worden. Hierdurch entsteht später, wie bei allen Beschädigungen der Oberhaut, ein bräunlicher Vertrocknungssaum.“ [31]

„An der Einschussstelle findet sich auch ein Schmutzsaum (Abstreifring), der dadurch entsteht, dass das in die Haut eindringende Projektil aus der Waffe abgelagerte Öl- und Schmutzteilchen an der Haut um die Einschussöffnung abstreift. Dieser Schmutzsaum ist aber häufig nicht ohne Weiteres erkennbar, weil er vom Schürfsaum überlagert wird.“ [32]

30 Anders/Bratzke/Gotthardt/Parzeller, S. 200.
31 Mätzler, S. 199.
32 Mätzler, a.a.O.

In Zweifelsfällen ist bei der Differenzierung zwischen Ein- und Ausschuss die Gesamtheit der Tatortspurenlage zu betrachten. So können sich Rückschlüsse u.a. ergeben aus:

- Lage der Leiche am Tatort,
- Lage/Verteilungsbild der Blutspuren (Spritzspuren) am Leichenfundort/Tatort,
- Zugangsmöglichkeiten am Tatort und aufgefundene Schuhabdruckspuren zur Rekonstruktion des möglichen Standortes des Schützen,
- Verlauf des Schusskanals im Körper,
- Verlauf weiterer Schusskanäle im Körper (wo ggf. Projektile im Körper verblieben),
- Stanzmarke/andreaskreuzförmige Hautaufplatzung (absoluter Nahschuss),
- Schmauchspuren um den Einschussbereich,
- Auswertung von Zeugen und Beschuldigtenaussagen.

4.5.3.3 Schussentfernungsbestimmung

Gerade für die Differenzierung zwischen Suizid und Tötung durch fremde Hand, bzw. den Beleg einer Suizidtheorie, ist die Bestimmung der Schussentfernung von besonderer Bedeutung. Zu unterscheiden sind hier nach der Schussentfernung:

- Absoluter Nahschuss/Unmittelbarer Nahschuss:
  In diesem Fall ist die Waffenmündung bei der Schussabgabe aufgesetzt bzw. fast auf die Hautoberfläche ausgesetzt.
- Relativer Nahschuss:
  Ein Schmauchniederschlag ist am beschossenen Opfer/Gegenstand noch nachweisbar, jedoch bei größeren Entfernungen häufig nur mittels späterer chemischer Untersuchung belegbar (bis ca. 1 – 1,3 m).
- Fernschuss:
  Ein Schmauchspurenniederschlag am Opfer bzw. dem beschossenen Gegenstand ist nicht mehr nachweisbar (über 1 – 1,3 m):

Bei der Verwendung von Schrotmunition erfolgt die Schussentfernungsbestimmung nicht anhand der Schmauchspurenausprägung, sondern anhand der Streuung der Schrotgarbe.

Spurenart

Lage und Ausprägung des Schmauchspurenniederschlags beim absoluten und relativen Nahschuss im Bereich des Einschusses sind zunächst einmal als Situationsspur anzusehen.

Beim **absoluten Nahschuss** sind noch weitere Spuren erkennbar. So wird bei aufgesetzter Schussabgabe durch die mit hohem Druck aus dem Waffenlauf entweichenden Verfeuerungsgase zunächst die Hautoberfläche mit Wucht gegen die Waffenmündung gepresst. Hierdurch entsteht auf der Hautoberfläche eine rötlich-bräunliche Hautvertrocknung, die sog. Stanzmarke. Sie entspricht in der Form der Waffenmündung und ist daher auch als Formspur anzusehen. Bei möglichen Suiziden gestattet sie die Prüfung, ob zwischen Waffe und Stanzmarke eine grobsichtige Übereinstimmung besteht.

Bedingt durch die mit hohem Gasdruck aus dem Waffenlauf entweichenden Verfeuerungsgase, kommt es beim absoluten Nahschuss häufig zum andreaskreuzförmigen Aufreißen der Haut im Bereich des Einschusses.

Allgemeine Beweiskraft
Entsprechende Beschmauchungen sind aufgrund ihrer chemischen Zusammensetzung eindeutig als GSR analysierbar, mithin als Gruppenbeweis zu bewerten.

Intensität und Verteilung der Beschmauchung und deren grobsichtige oder erst chemische Nachweisbarkeit liefern Aussagen über die Entfernung zwischen Waffenmündung und beschossenem Opfer bzw. Gegenstand.

Konkreter Beweiswert

Stets ist der konkrete Beweiswert an einer Kombination der Gesamtspurenlage festzumachen. Zunächst einmal fließt in die Bewertung ein, die Lage/Auffindungssituation einer Waffe im Verhältnis/Entfernung zum beschossenen Gegenstand oder Opfer. Weiter sind in der Bewertung u.a. zu berücksichtigen:

- Mögliche Fingerspuren an der Waffe/der geladenen Munition,
- DNA-Spuren an der Waffe und der geladenen Munition,
- Blut- und Gewebespuren an der Waffenaußenseite und im Waffenlauf,
- Stanzmarke (→ grobsichtige Übereinstimmung mit Waffenmündung?),
- erkennbare Beschmauchung/Schmauchhöhle im Bereich des Einschusses,
- nicht erkennbare, jedoch chemisch nachweisbare Beschmauchung im Einschussbereich.

Spurensicherung
Die entsprechenden Verletzungen mit ihren Verletzungsmerkmalem sind als Übersichtsaufnahme und Detailaufnahme (mit angelegtem Maßstab) zu fotografieren.

Für die Vornahme der Schussentfernungsbestimmung ist die Hautpartie um die Einschussöffnung in einer Größe von mindestens 5 x 5 cm heraus zu präparieren. Ersatzweise wird bei verletzten Personen das Verbandmaterial der Wunderstversorgung sichergestellt.

Vergleichsmaterial
Für die Durchführung von Vergleichsbeschüssen werden die Tatwaffe und fabrikneue Munition benötigt.

Spurenauswertung
Die entsprechenden Hautpräparationen können im Rahmen der Obduktion durchgeführt werden. Die herauspräparierten Hautpartien, die Tatwaffe und Vergleichsmunition werden dem Sachverständigen zur Gutachtenerstellung überlassen.

Die Bestimmung der Schussentfernung erfolgt durch den Vergleich des Schmauchspurenbildes im Einschussbereich mit durchgeführten Testbeschüssen. Je größer die Schussentfernung ist, desto schwieriger wird die Eingrenzung der Schussentfernung. Oberhalb von 1 – 1,3 m ist eine konkrete Aussage zur Schussentfernung grundsätzlich nicht möglich.

4.5.3.4 Schussrichtungsbestimmung

Für die Erlangung weiterer Spuren bzw. die Rekonstruktion des Tatgeschehens ist die Bestimmung der Schussrichtung oder des Schusskanals von großer Bedeutung. Die Bestimmung der Schussrichtung ist möglich, wenn:
- ein Schusskanal vorhanden ist (z.B. Durchschuss durch einen Körper),
- zwischen dem Einschlagort des Projektils und einem Durchschuss eine Verbindungslinie gebildet oder verlängert werden kann.

Die Bestimmung des Verlaufs eines Schusskanals gelingt mittels einer in den Schusskanal eingebrachten Sonde. Anhand des aus dem Körper herausstehenden Teils der Sonde ist der Schusskanal nun gut sichtbar dargestellt.

Wird durch die Schussabgabe ein Gegenstand zunächst durchschlagen (z.B. Fensterscheibe) und trifft das Geschoss anschließend auf eine Wand oder einen Körper auf, so kann der Schussverlauf zwischen diesen beiden Punkten mittels Lasermessgerät/Laserpointer dargestellt werden. Über den Durchschuss hinaus kann die Flugbahn des Projektils rekonstruiert werden. Auf diesem Wege ist eine Ermittlung des Standortes des Schützen möglich. Hier lassen sich dann weitere Spuren sichern, so z.B. Schuhab- oder Eindruckspuren, Hülsen oder die Tatwaffe.

Bei beengten Platzverhältnissen lässt sich u.U. keine Lasertechnik einsetzen, hier kann auf die früher verwendete Methode der Darstellung der Schussbahn mittels Schnur zurückgegriffen werden. Die Dokumentation der erlangten Untersuchungsbefunde erfolgt durch Fotografie.

Bei Kapitaldelikten wird häufig zur Tatortaufnahme ein 3D-Laser-Scanner eingesetzt. Er liefert eine dreidimensionale Darstellung der Taträumlichkeiten. In dieser Darstellung lässt sich der Verlauf der Schussbahn einarbeiten.

4.6 Geruchsspuren

Hunde können nicht nur Gerüche wahrnehmen, die dem Menschen verborgen bleiben, sie können vielmehr auch Duftgemische unterscheiden, Teilgerüche herausfiltern und vergleichen bzw. Gleichartige feststellen.

Spürhunde, sei es zur Suche nach Verschütteten, nach Leichen und Leichenteilen, nach Betäubungsmitteln oder zur Suche nach Sprengstoff , Waffen, Munition und Brandbeschleuniger, sind auf spezifische Gerüche konditioniert und in der Lage, gezielt nach Personen und Sachen zu suchen, die diesen Geruch aussenden. Der Mensch sondert Schweiß ab und verliert pro Minute Tausende von Haut- und Haarschuppen, die alle seinen spezifischen und individuellen Geruch tragen, er hinterlässt sozusagen eine individuelle Geruchsspur, unabhängig von der Art und Weise seiner Fortbewegung und seinem Umfeld. Diese Geruchspartikel fallen zu Boden, fangen sich an der Infrastruktur der Umgebung und übertragen sich auf berührte Gegenstände sowie auf Personen, wenn ein enger körperlicher Kontakt stattgefunden hat, wie beispielsweise bei Sexualdelikten.

Während sich die klassischen Spürhunde seit Jahrzehnten im Polizeialltag in Gefahrenabwehr und Strafverfolgung bewährt haben, werden Personenspürhunde und Mantrailing-Hunde immer noch mit Skepsis betrachtet und häufig erst dann eingesetzt, wenn die althergebrachten Methoden nicht zum Erfolg geführt haben. Die Suchergebnisse im Bereich der Strafverfolgung werden allenfalls als Ermittlungsansatz ins Verfahren eingebracht. Diese Hunde besitzen die Fähigkeit, gezielt einer bestimmten Person zu folgen, deren Geruch sie zuvor „gespeichert" haben.

4.6.1 Mantrailing-Hunde

Im Jahre 2007 begann das LAFP in Schloß Holte-Stukenbrock mit der Ausbildung von polizeieigenen Mantrailern, nachdem zur Gefahrenabwehr und im Rahmen verschiedener Sonder- und Mordkommissionen auch strafverfolgend immer wieder privat gehaltene Hunde mit ihren Hundeführern eingesetzt worden waren – zum Teil mit spektakulären Erfolgen.

Für den Mantrailer ist der menschliche Individualgeruch auch noch nach Tagen und beginnender Zersetzung der zugrunde liegenden Stoffe durch Bakterien wahrnehmbar. Mantrailer arbeiten eigenmotiviert, selbstständig und teilen sich dem Hundeführer (besser: Teampartner) durch eine feine Körpersprache mit.

Der Hund benötigt nahezu keinerlei Aufforderung und Anweisung.

Die Kunst des Mantrailing liegt im Grunde genommen zunächst einmal darin, dem Hund eine Geruchsgrundlage zur Verfügung zu stellen, die ihn in die Lage versetzt, der gesuchten Person folgen zu können und in der Fähigkeit des Teampartners, die nonverbale Kommunikation des Hundes richtig zu verstehen und zu deuten.

Die Körpersprache signalisiert sowohl die Aufnahme einer Geruchsspur als auch deren Verlust. Das Auffinden der gesuchten Person oder einer Örtlichkeit, an der sie sich aufhält bzw. aufgehalten hat, wird durch trainiertes Anzeigeverhalten signalisiert.

Der Auswahl eines geeigneten Geruchsspurenträgers durch den Hundeführer kommt dabei eine entscheidende Bedeutung zu (siehe Spurensicherung Ziff. 4.6.4). Dazu sind generell alle Gegenstände des täglichen Bedarfs geeignet. Das Problem liegt darin, dass die meisten Utensilien Gerüche mehrerer Personen tragen und der Hundeführer oftmals nicht genau weiß, ob der Geruch, dem der Hund folgt, tatsächlich von der zu suchenden Person stammt. Darum sollten als Geruchsgrundlage Gegenstände ausgewählt werden, die mit hoher Wahrscheinlichkeit den Individualgeruch der Zielperson tragen und nicht anderweitig kontaminiert sind, wie zum Beispiel Toilettenartikel und Kleidungsstücke.

Bei der Suche nach vermissten Personen, entwichenen Gefangenen und bereits identifizierten Straftätern stehen solche Geruchsgrundlagen in der Regel zur Verfügung, da der Lebensbereich der Zielperson bekannt ist.

Ungleich schwieriger gestaltet sich die Ausgangssituation bei unbekannten Tätern, die nach Tatausführung vom Tatort flüchtig sind. In diesen Fällen stehen unter Umständen die Tatwaffe(n), sonstige Gegenstände, die der Täter angefasst hat oder sogar das Opfer selbst als Geruchsgrundlagen zur Verfügung, insbesondere, wenn Täter und Opfer direkten Körperkontakt hatten.

Einer der Autoren selbst hat im Rahmen eines Tötungsdeliktes, bei dem das Opfer durch einen Schuss ins Herz getötet wurde, den Einsatz des Mantrailhundes „Anton“ mit seiner Partnerin *Andrea Freiin von Buddenbrock* [33] begleiten dürfen. Am Tatort waren weder die Tatwaffe selbst noch Munitionsteile zurückgeblieben. Als Grundlage für die Suche diente ein steriler Wattestieltupfer, mit dem direkt aus der Einschusswunde ein Abrieb genommen worden war.

Frau *von Buddenbrock* erläuterte, dass der Täter beim Ladevorgang seinen Geruch auf die Munition übertragen habe. Das Projektil habe nun trotz der Hitze-

33 Freiin von Buddenbrock, Mantrailing für den Realeinsatz, Kynos Verlag 2006.

entwicklung bei der Schussabgabe diesen Geruch auf bzw. in die Schusswunde übertragen. Der Probenträger enthalte somit sowohl den starken Opfergeruch als auch den schwächeren Tätergeruch. Ihr Hund „Anton" sei nun darauf trainiert, dem schwächeren der beiden Gerüche zu folgen, da die Intensität des Opfergeruches den Geruch des Täters meistens überstrahle.

Anton war in der Lage, den Weg des Täters vom Tatort aus über mehrere Kilometer zu folgen. Der Einsatz wurde mit Hilfe eines GPS-Senders aufgezeichnet und dokumentiert.

Für den Fall, dass Tatort und Fundort eines Opfers nicht identisch sind, kann es durchaus sinnvoll sein, dem Hund eine Geruchsgrundlage vor die Nase zu halten, die nur den Opfergeruch trägt, sodass der Hund dem sogenannten „Opfertrail" folgen kann, der mit dem „Tätertrail" identisch ist, wenn das Opfer zum Fundort hin transportiert worden ist.

Trotz der oftmals verbleibenden Unsicherheit, welchem Trail der Hund nun wirklich folgt, liefert das positive Anzeigeverhalten sehr häufig neue Ermittlungsansätze. Ob und in welcher Form der Einsatz von Mantrailhunden als Grundlage für weitergehende Eingriffsmaßnahmen dienen kann, bedarf der sorgfältigen Prüfung im Einzelfall.

Die Leistung dieser Hunde mutet ebenso faszinierend wie unglaublich an, hat aber insbesondere bei der Suche nach vermissten Personen und Kapitaldelikten nachweislich häufig zu Erfolgen geführt, wenn sich Fahndung, Ermittlungsarbeit und klassische Kriminaltechnik in einer Sackgasse befunden haben.

Der Einsatz von Mantrailern ist im Vorfeld selbstverständlich in Bezug auf Verhältnismäßigkeit und Erfolgsaussichten zu überprüfen, sollte aber nicht erst als eines der letzten Mittel in Betracht gezogen werden, denn je eher die Hunde eingesetzt werden, desto höher sind die Erfolgsaussichten. Bei der Polizei NRW werden Mantrailer lediglich beim LAFP in Schloß Holte-Stukenbrock vorgehalten und sind aus diesem Grunde oft nicht zeitnah einsetzbar.

4.6.2 Personenspürhunde

Personenspürhunde verfügen über ähnliche Fähigkeiten wie die Mantrailer, besitzen aber nicht deren Leistungsfähigkeit. Dabei handelt es sich um dual ausgebildete Schutzhunde, die den Individualgeruch einer Person bis zum Spurenalter von einer Stunde verfolgen können. Sie haben den Vorteil, dass sie erlassgemäß[34] in den Kreispolizeibehörden vorgehalten und zeitnah eingesetzt werden können.

4.6.3 Polizeilicher Einsatz von Mantrailing-/ und Personenspürhunden[35]

Hunde zur Personensuche sind in NRW ausschließlich über die Landesleitstelle anzufordern. Zur Gefahrenabwehr sind **grundsätzlich**, zur Täternacheile und Suche nach Beweismitteln (Strafverfolgung) **ausschließlich**, dienstliche Hunde und Hundeführer einzusetzen. Auf private Mantrailing-Teams darf nur zur Gefahrenabwehr und nur dann zurückgegriffen werden, wenn keine dienstlichen zur Verfügung stehen. Über deren Einsatz entscheidet die Landesleitstelle, die über eine Liste geprüfter Mantrailing-Teams verfügt, die den polizeilichen Quali-

34 „Einsatz von Personenspürhunden", Erl. des MIK NRW - 41.2. - 60.03.08 vom 11.10.2013.
35 „Einsatz von Personenspürhunden", Erl. des MIK NRW - 41.2. - 60.03.08 vom 11.10.2013.

tätsstandards in NRW entsprechen. Über diese Liste hinaus dürfen keine privaten Teams eingesetzt werden.

4.6.4 Geruchsspurenvergleichshunde

Da das Geruchsspurenvergleichsverfahren in NRW infolge des wissenschaftlichen Fortschrittes der forensischen DNA-Analyse kaum noch Anwendung gefunden hat, wurde es mit Wirkung zum 01. Januar 2012 eingestellt. Die Richtlinien hierzu wurden aufgehoben.[36]

Spurenart
Die Geruchsspur kann in die Systematik der Materialspuren eingeordnet werden und hat generell natürlich auch als Situationsspur Bedeutung.

Allgemeine Beweiskraft
Der Einsatz von Hunden unter Ausnutzung ihrer Fähigkeiten, Gerüche zu speichern und zu differenzieren, dient auf dem Gebiet der Strafverfolgung einerseits der Auffindung von Beweismitteln (Betäubungsmittel, Waffen, Sprengstoff usw.), denen ein bestimmter spezifischer Geruch anhaftet, der Auffindung von Personen, deren Individualgeruch der Hund durch Vorhalten eines Referenzgegenstandes aufnimmt und speichert, oder der Rekonstruktion von Wegen, die Täter oder Opfer vor oder nach einer Tat zurückgelegt haben.

Konkreter Beweiswert
Während die Gerichte einem ordnungsgemäß durchgeführten Geruchsspurenvergleichsverfahrens in der Vergangenheit durchaus entscheidenden Beweiswert beigemessen haben, gelten die Suchergebnisse der aktuell in NRW eingesetzten Hunde lediglich als Hilfsmittel bei der Erschließung weiterer Beweismittel (siehe Band I, Kapitel 2.5 Hilfsmittel der Spurensuche).

Insofern kommt der Geruchsspur eher der Stellenwert eines Beweishilfsmittels zu, wodurch dass Auffinden eines originären Beweismittels verifiziert wird. Ob das spezifische Anzeigeverhalten des Hundes, durch das er eine vermeintlich erfolgreiche Suche signalisiert, insbesondere bei der Suche nach flüchtigen, noch unbekannten Tätern für anschließende strafprozessuale Maßnahmen (z.B. Durchsuchung, Beschlagnahme, vorläufige Festnahme usw.) als Entscheidungsgrundlage ausreicht, bedarf der sorgfältigen Einzelfallprüfung.

Spurensicherung
Personenspürhunde und Mantrailer benötigen einen Referenzgegenstand, dem der Geruch der zu suchenden Person anhaftet.

Die Referenzgegenstände sind unter Vermeidung von Fremdkontamination möglichst im Original zu asservieren. Zur Vermeidung von Kontamination durch die sicherstellende Person sind sterile Handschuhe, sterile Werkzeuge und luftdichte Beutel oder Gläser mit Schraubverschluss unabdingbar. Aus Schuss- oder Stichwunden können mit sterilen Wattestieltupfern (forensic swabs) Abstriche genommen werden, die dann ebenfalls den Geruch von Täter und Opfer tragen. Der Hund ist in der Lage, sowohl dem Opfergeruch, als auch dem im Vergleich zum Opfergeruch schwächeren Tätergeruch, der sich innerhalb des Schuss- oder Stichkanales abgelagert hat, zu folgen.

36 „Diensthund-Geruchsspurenvergleich", Erl. des MIK NRW - 413-60.03.08-/422-62.09.09 vom 05.12.2011.

Eine Variante der Spurensicherung stellt die Übertragung des Geruchs auf einen Hilfsspurenträger dar. An Kontaktstellen nicht transportabler Spurenträger oder Leichen werden mit Hilfe steriler Mullkompressen oder spezieller Salbenverbände durch Auflegen Duftkopien gefertigt. Die Kompresse sollte mit dem Spurenträger idealerweise etwa 24 Stunden in Kontakt bleiben. In der Praxis müssen allerdings wesentlich kürzere Zeiträume in Kauf genommen werden.

Die Kompresse kann nach außen hin an der Rückseite zusätzlich mit Alu-Folie isoliert werden. Nach der Abnahme von der Kontaktstelle ist die Rückseite der aufgelegten Kompresse zu kennzeichnen. Die Asservierung erfolgt analog zu der eines Originalspurenträgers.

Die Spurensicherung ist in geeigneter Art und Weise zu dokumentieren. Wenn möglich, empfiehlt es sich, die Auswahl des Referenzspurenträgers und die Art und Weise der Sicherung mit den eingesetzten Hundeführern abzustimmen.

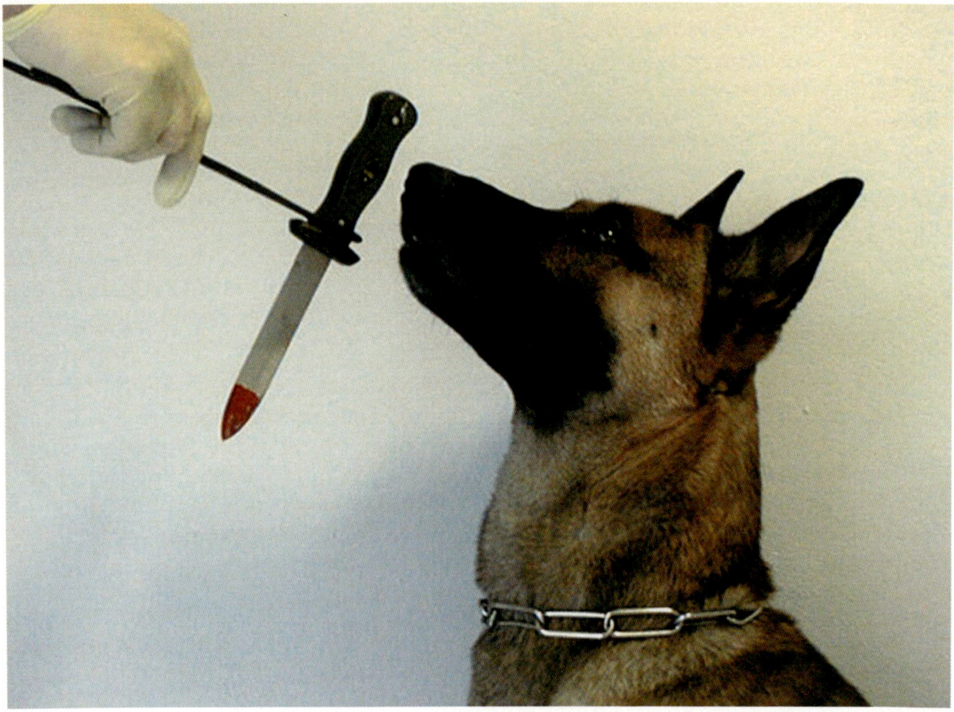

Abb. 47: Vorhalten eines Geruchsspurenträgers[37]

37 Quelle: Jahresbericht 2008 „Diensthundwesen der Polizei NRW"; Einsatz spezieller Spürhunde; Herausgeber: LAFP Schloß Holte-Stukenbrock; SG 11.3.

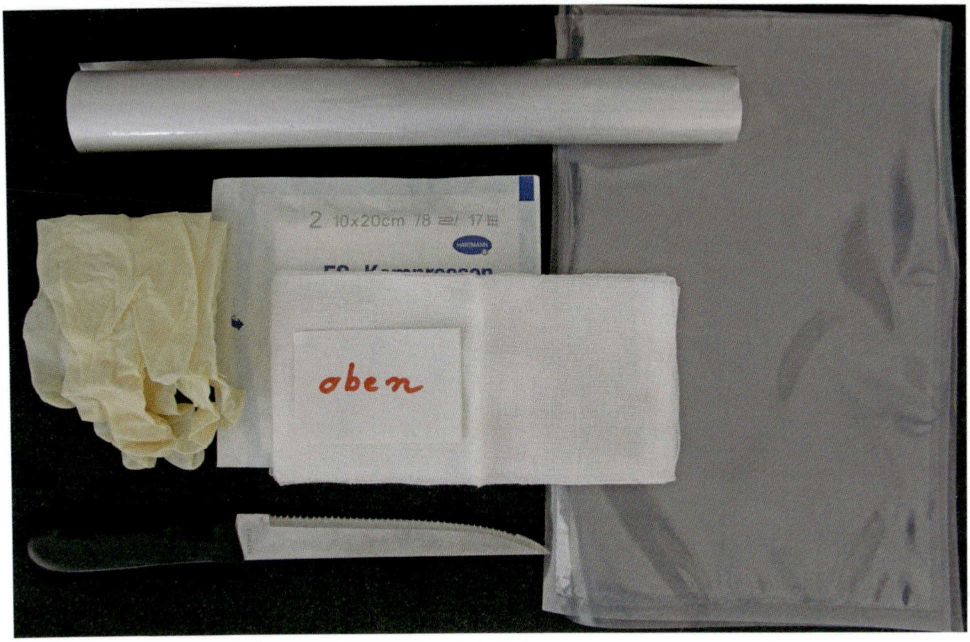

Abb. 48: Zubehör für eine Duftkopie

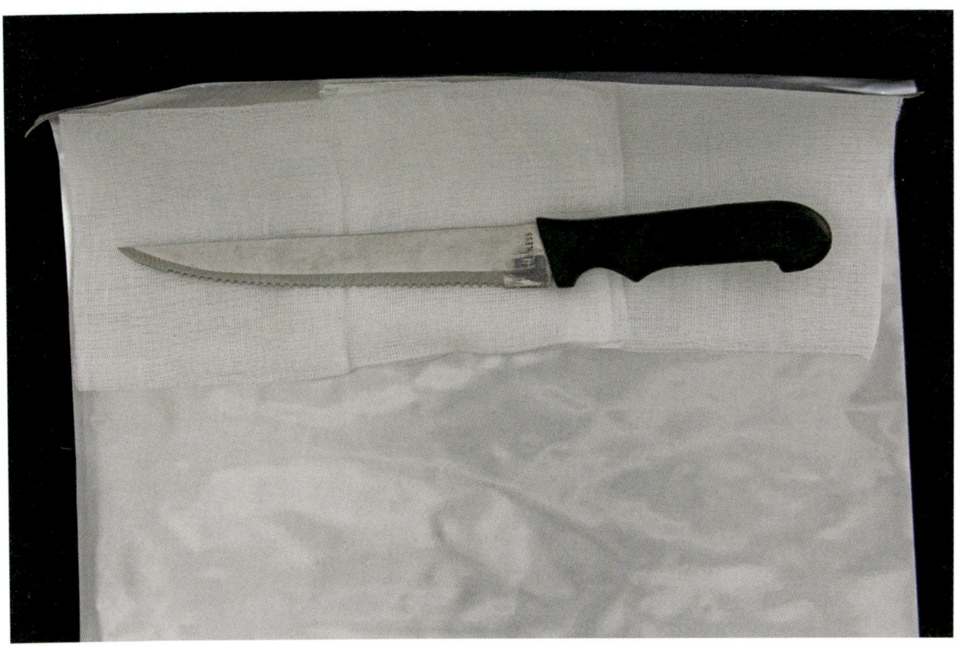

Abb. 49: Fertigung einer Duftkopie durch Einrollen des Messers

Abb. 50: Eingeschweißte Duftkopie

Spurenkonkurrenz
Beweismittel im Strafverfahren sind regelmäßig Träger weiterer, z.B. daktyloskopischer und/oder serologischer Spuren. Daraus ergibt sich zwingend der Spuren schonende Umgang, um alle notwendigen Untersuchungen zu gewährleisten. Gerade in diesen Fällen bietet sich die Anfertigung von Duftkopien an.

Versuchte Vergewaltigung bzw. sexuelle Nötigung sind Straftaten von erheblicher Bedeutung und häufig Delikte von Serientätern. Die hier geschilderte Begehungsweise spricht für eine hohe kriminelle Energie des Täters. Die Aufklärung rechtfertigt eine hohe Einsatzintensität, so dass der Einsatz von Mantrailern oder Personenspürhunden keinesfalls außer Verhältnis zur Schwere des Deliktes steht. Die Hunde werden mit Hinweis auf die zeitliche Dringlichkeit über die Landesleitstelle angefordert.

Im Leitsachverhalt hatten Täter und Opfer direkten Körperkontakt.

Darüber hinaus ließ der Täter das Tatmesser, ein Smartphone und eine Packung Präservative am Tatort zurück. Das Tatmesser und der Slip, den der Täter der jungen Frau herunter gerissen hat, dürften sich als Geruchsgrundlage für eine gezielte Täterverfolgung hervorragend eignen. In welcher Form dem/den Hund(en) ein Referenzspurenträger angeboten wird, muss mit dem/den Hundeführer(n) unter Beachtung der Spurenkonkurrenz in Bezug auf daktyloskopische und serologische Spuren erörtert werden.

4.7 Schriften

Im vorliegenden Kapitel soll lediglich ein Kurzüberblick über den Bereich der Handschriften gegeben werden. Untersuchungsziel bei Handschriften wird i.d.R. sein einen Schrifturheber festzustellen oder auszuschließen. Auf die Grafologie, bei der es Untersuchungsziel ist, persönlichkeitsbezogene Aussagen zu erlangen, soll hier nicht eingegangen werden.

„Schrift bezeichnet ein System grafischer Zeichen ..., die zum Zweck menschlicher Kommunikation verwendet werden.“[38]

Schriftzeichen werden mittels unterschiedlicher Techniken zu Papier gebracht, so u.a. handschriftlich, durch Tintenstrahl- oder Laserdruck, durch Schreibmaschinenschrift oder mittels Klebebuchstaben.

Spurenart
Die Handschrift ist sowohl als Situationsspur und als Formspur anzusehen. Die jeweils verwendete Schreibflüssigkeit (z.B. Tinte) ist als Materialspur anzusehen.

Allgemeine Beweiskraft
Die Handschrift des Menschen ist von vielen Faktoren (so u.a. Schreibgewandtheit, Alter) abhängig. Jeder Mensch hat eine in den Feinheiten der Schriftführung individuell ausgeprägte Handschrift (→ Individualbeweis).

Heute ist die jeweils verwendete Schreibflüssigkeit (so z.B. Tinte oder Schreibpaste) industriellen Ursprungs und wird in gleichbleibender Qualität und Zusammensetzung in großen Mengen hergestellt. Die verwendete Schreibflüssigkeit kann somit nur als Gruppenbeweis dienen.

Konkreter Beweiswert
Der konkrete Beweiswert ist stark vom Einzelfall abhängig. Wenn auch eine Handschrift als Individualbeweis anzusehen ist, so hängt der Beweiswert im Einzelfall u.a. davon ab, wie umfangreich die Tatschrift ist und ob ausreichendes Vergleichsmaterial vorliegt. Ergänzend kann hier die Schreibpaste oder Tinte untersucht werden und mit bei dem Beschuldigten aufgefundenen Schreibutensilien abgeglichen werden.

Spurensicherung
Der Spurenträger mit der Handschrift ist stets im Original sicherzustellen und muss für die Untersuchung zur Verfügung gestellt werden. Den Berechtigten sind ggf. Kopien des Schriftstücks zur Wahrung ihrer Interessen zu überlassen.

Bei der Sicherstellung bietet es sich an, die Spurenträger einzeln in Klarsichthüllen zu verpacken, so kann die Entscheidung über eine eventuelle Fingerspurensicherung auf den Schriftstücken zunächst offen gehalten werden.

Zur Auswertung gesicherte Schriftstücke sind grundsätzlich nicht in die Ermittlungsakte zu heften, in die Ermittlungsakte kann eine Kopie geheftet werden. Untersuchungsmaterial ist als Asservat anzusehen und stets separat aufzubewahren.

Vergleichsmaterial
Für ein Schriftgutachten bei einem Handschriftenvergleich ist unbefangenes Vergleichsmaterial und eine, in ihrem Umfang definierte, Schriftprobe zu beschaffen.

38 Brockhaus Enzyklopädie, Mannheim 1992, S. 517.

Das Vergleichsmaterial sollte unbefangen von der Person erstellt worden sein und möglichst aus der Zeit kurz vor oder nach der Fertigung der Tatschrift stammen. Vergleichsmaterial aus dem Besitz der betroffenen Person kann aus der persönlichen Korrespondenz, Adressbüchern, Unterrichtsaufzeichnungen o.ä. stammen. Kriminaltaktisch ist bei Beschuldigten stets die vorherige Beantragung eines Durchsuchungs- und Beschlagnahmebeschlusses geboten, damit eine Herausgabe des Materials auch gegen den Willen des Beschuldigten tatsächlich durchgesetzt werden kann. Es ist darauf zu achten, dass zweifelsfrei nachgewiesen werden kann, dass das gesicherte Vergleichsmaterial auch tatsächlich vom Beschuldigten stammt.

Entsprechendes Vergleichsmaterial kann aber auch bei anderen Personen gefunden werden, so u.a. persönliche Briefe oder Ansichtskarten. Alternativ ist auch die Sicherung von Vergleichsmaterial bei Behörden möglich.

Ergänzend müssen dann noch Schriftproben genommen werden. Im Gegensatz zur Sicherung von Vergleichsmaterial setzt die Schriftprobe die Kooperation der betroffenen Person voraus. Beschuldigte müssen sich in einem Strafverfahren nicht selbst belasten, Sie sind vor Abgabe der Schriftprobe (schriftlich) über die Freiwilligkeit zu belehren.

Vor der Abnahme der Schriftproben und der Übersendung von Untersuchungsmaterial empfiehlt sich stets die telefonische Kontaktaufnahme und Absprache mit dem Schriftsachverständigen des Landeskriminalamtes.

Art, Umfang und nähere Bedingungen zur Beschaffung von Vergleichsschriften sind für Nordrhein-Westfalen in den Richtlinien des LKA NRW – 54.1 – 6403 (Stand: 2000) näher ausgeführt.[39]

Spurenauswertung
Die gesicherten Spurenträger sind mit dem Untersuchungsantrag über den örtlichen Erkennungsdienst und die KTU-Stelle dem Landeskriminalamt NRW zur Untersuchung zu übersenden. Nach Auswertung erfolgt die Erstellung des Gutachtens durch den Schriftsachverständigen des LKA und die Übersendung an die einreichende Behörde.

4.8 Stimmen

Der Bereich der Sprecherkennung, d.h. die Identifizierung einer Person anhand ihrer Sprache, Stimme und Sprechweise, soll hier nur kurz angerissen werden.

Nicht behandelt wird die „akustische Gegenüberstellung“, diese ist der Kriminalistik zuzuordnen.

Zu unterscheiden sind die **Stimmanalyse** und der **Stimmenvergleich**.

Bei der Stimmanalyse wird versucht, Hinweise auf sprechertypische Merkmale wie Dialekt, fremdsprachlicher Akzent, berufstypische Ausdrücke, sprachliche Eigenheiten und eventuelle Sprachstörungen zu erlangen.

Beim Stimmenvergleich werden Stimmproben gegenübergestellt und auf Übereinstimmung geprüft.

Bei Tonträgern ist weiterhin eine Geräuschanalyse möglich, d.h. die Aufzeichnung wird auf vorhandene (Hintergrund-)Geräusche analysiert.

39 Für Polizeivollzugsbeamte im Intranet der Polizei NRW bzw. über Extrapol zugriffsfähig hinterlegt.

Spurenart
Für die Stimmanalyse und den Stimmenvergleich ist stets eine elektronische Aufzeichnung der Stimme erforderlich. Die Stimme selbst ist unter dem Begriff Spurenart nicht zu subsumieren, allenfalls die Stimmaufzeichnung z.B. als digitale Spur.

Allgemeine Beweiskraft
Liegt nur die Stimmaufzeichnung eines bislang unbekannten Täters vor, so ist von einem Gruppenbeweis auszugehen, da zunächst nur Angaben zur ethnischen Herkunft, der möglichen Berufsgruppe o. ä. durch den Gutachter gemacht werden können.

Wurde ein Tatverdächtiger ermittelt und es liegt, neben der Tonaufzeichnung, eine Stimmaufzeichnung des Tatverdächtigen zum Vergleich vor, so ist von einem Individualbeweis auszugehen.

Das Ergebnis des Vergleichs wird durch den Sachverständigen als abgestufte Wahrscheinlichkeitsaussage zur Übereinstimmung bzw. Nichtübereinstimmung der Person des Sprechers mit der Person des Tatverdächtigen im Gutachten niedergelegt.

Konkreter Beweiswert
Der konkrete Beweiswert von Stimmanalysen als auch der Stimmvergleich, ist zunächst einmal abhängig von Umfang und Güte der vorhandenen Stimmaufzeichnung. Der Beweiswert einer Stimmanalyse wird weiterhin noch bestimmt von Umfang und Güte der Vergleichsaufzeichnung.

Spurensicherung
Die Sprachaufzeichnung erfolgt auf einen möglichst hochwertigen Tonträger. Ideal ist die Sicherung auf einen neuwertigen Tonträger.

Vergleichsmaterial
Detaillierte Ausführungen zur Herstellung forensischer Vergleichsaufzeichnungen ergeben sich aus der Beilage zum Bundeskriminalblatt Nr. 112 vom 12.06.2001 sowie aus der Arbeitsanleitung Tatortspuren des Bundeskriminalamtes.[40]

Spurenauswertung
Die Spurenauswertung und Gutachtenerstellung erfolgt durch das Landeskriminalamt Nordrhein-Westfalen oder das Bundeskriminalamt.

4.9 Chemische Fangmittel

Der Sammelbegriff „Fangstoffe" subsumiert alle denkbaren wissenschaftlichen Varianten aus den Bereichen Physik, Biologie und Chemie.

Die Autoren beschränken sich an dieser Stelle, aufgrund der nahezu unüberschaubaren Vielfalt und der kriminaltaktischen Geheimhaltungserfordernisse, auf die in der polizeilichen Praxis gängigen Varianten der chemischen Fangmittel.

Als chemische Fangstoffe oder Fangmittel werden Mittel bezeichnet, mit denen Gegenstände so präpariert werden, dass sie sich bei einer Berührung auf den

40 Die Beilage Nr. 112 zum BKA-Blatt (VS – NfD) und die Arbeitsanleitung Tatortspuren stehen zugriffsberechtigten Personen im Intranet der Polizei NRW bzw. in Extrapol zur Verfügung

Tatverdächtigen oder dessen Kleidung übertragen oder zusammen mit dem präparierten Objekt in seinen Besitz gelangen.

Sie werden als kriminalistisches Hilfsmittel eingesetzt

- zum gerichtsverwertbaren Nachweis von Berührungsvorgängen zwischen dem Tatverdächtigen und dem angegriffenen Objekt,
- zum Nachweis des unbefugten Betretens von Räumen oder Örtlichkeiten,
- zum Nachweis des unbefugten Öffnens von Briefen oder Behältnissen, z.B. Postdelikte/Fangbriefe,
- zur unauffälligen Kennzeichnung von Gegenständen mit dem Ziel der Wiedererkennung oder Zuordnung, z.B. bei einer kontrollierten Lieferung. [41]

Die Entscheidung zur Präparierung eines Gegenstandes oder eines Objektes basiert grundsätzlich auf Erwägungen mit präventiver und repressiver Zielrichtung. Einerseits soll eine beweiskräftige Strafverfolgung gewährleistet werden, andererseits bewirkt auch eine erfolglos ausgelegte Diebesfalle meistens, dass die Straftatenserie gestoppt wird.

Kriminaltaktische Voraussetzungen
Die Voraussetzungen für den Einsatz von Fangstoffen als sogenannte Diebesfalle werden im Folgenden anhand von **zwei Beispielsachverhalten** verdeutlicht:

Sachverhalt Nr. 1:
Aus der Trinkgeldkasse des Friseursalons „Skalp" verschwinden wiederkehrend in unregelmäßigen Abständen Geldbeträge zwischen 10,- und 20,- €.

Das Trinkgeld befindet sich im Schrank der Geschäftsküche in einer unverschlossenen Kassette, in die alle Beschäftigten vereinbarungsgemäß ihre erhaltenen Trinkgelder einzahlen.

Am Quartalsende wird die Gesamtsumme jeweils für eine gemeinsame Unternehmung verwendet.

Kunden haben zur Küche keinen Zutritt.

Sachverhalt Nr. 2:
Das Pflegepersonal der Station P des städtischen Klinikums A-Stadt spart die Zuwendungen von Patienten in einem verschlossenen Sparschwein, für das lediglich die Stationsschwester einen Schlüssel besitzt. Sie leert das Schwein jeweils am Monatsende und zahlt das Geld auf ein Gemeinschaftskonto ein.

Nachdem zunächst nur ein Diebstahlsverdacht vorlag, verschaffte man sich durch regelmäßige Kontrollen Gewissheit und stellte fest, dass in einem Zeitraum von acht Wochen viermal Geldbeträge zwischen 20,- und 50,- € entwendet worden sind.

In beiden Fällen wird der Diebstahl zur Anzeige gebracht und Strafantrag gestellt.

Der Einsatz von Fangmitteln kommt nur in Betracht, wenn

- konkrete Anhaltspunkte für die bevorstehende Begehung einer Straftat vorliegen.

41 BKA, Arbeitsanleitung Tatortarbeit – Spuren, Abschnitt 20.0 ff.

- Tatobjekt und Tatzeit eingrenzbar sind.
  Meistens liegen der Entscheidung für den Einsatz von Fangmitteln bereits mehrere gleichartige Straftaten zugrunde, die im oder am gleichen Objekt stattgefunden haben. Die Eingrenzbarkeit der Tatzeit bezieht sich auf eine Prognose für den künftigen Zeitraum, der etwa eine Woche nicht übersteigen sollte. Die Prognose orientiert sich dabei an den zurückliegenden Tatzeiten.
- der Kreis der als Tatverdächtige in Betracht kommenden Personen spätestens nach Tatbegehung eingrenzbar ist.
  Nach Entdeckung der prognostizierten Straftat müssen, unabhängig vom eingesetzten Mittel, alle in Betracht kommenden Personen unverzüglich kriminaltechnisch untersucht werden. Ferner muss verhindert werden, dass das präparierte Objekt, beispielsweise entwendetes Geld, weitergegeben wird und so mit dem Fangstoff in den Umlauf kommt.
- der Tatort ständig überwacht werden oder in kurzen Zeitabständen kontrolliert werden kann.

  Die Zeitspanne zwischen Tatbegehung, Tatentdeckung und kriminaltechnischer Untersuchung der in Betracht kommenden Personen muss aus kriminaltaktischen Erwägungen heraus auf ein Minimum begrenzt werden.
  Je weniger Zeit verstrichen ist, desto unproblematischer wird es, den relevanten Personenkreis zu versammeln, desto höher die Wahrscheinlichkeit, dass die Beute sich noch in Täterbesitz befindet und der Überraschungseffekt zu einem spontanen Geständnis führt. Je mehr Zeit dazwischen liegt, umso größer die Wahrscheinlichkeit, dass die Beute bereits in Umlauf gelangt ist und der Täter in der Lage ist, die Spuren des Fangstoffes auf andere Art und Weise als durch die Tatausführung zu erklären.

In beiden Beispielsachverhalten sind alle Voraussetzungen für das Auslegen einer Diebesfalle gegeben. Die wiederkehrenden Diebstähle der Vergangenheit lassen auch für die Zukunft erwarten, dass es zu weiteren Taten kommen wird. Trinkgeldkasse und Sparschwein befanden sich immer innerhalb eines Raumes am gleichen Ort. Die Tatzeiten variieren zwar, liegen aber alle in der kürzeren Vergangenheit, sodass zu erwarten ist, dass eine neuerliche Tat unter Umständen sogar unmittelbar bevorsteht. Der Kreis der in Betracht kommenden Personen beschränkt sich jeweils auf die Mitarbeiter(innen). Externe Personen scheiden offenbar als Täter aus. Vorbehaltlich einer Prüfung der Örtlichkeiten im Einzelfall, kann hier zunächst einmal unterstellt werden, dass sowohl die Trinkgeldkasse als auch das Sparschwein regelmäßig, unter Umständen täglich zweimal, unauffällig von einer Vertrauensperson kontrolliert werden können.

Die bisherigen Taten wurden zur Anzeige gebracht, sodass die Polizei tätig werden kann.

Unter Umständen können eingesetzte Fangstoffe zu schmerzlosen Verätzungen der Haut führen, sodass juristisch eine Körperverletzung im Amt vorliegt.

Die Anzeige bildet die Grundlage für deren Rechtfertigung in Form einer rechtmäßigen polizeilichen Maßnahme.

Obwohl die formalen Voraussetzungen in beiden Fallkonstellationen vorliegen, kommt eine Diebesfalle aus taktischen Erwägungen heraus im Friseursalon nicht in Betracht.

Bei der Trinkgeldkasse handelt es sich um eine unverschlossene Kassette, in die alle Beschäftigten ihre Trinkgelder einzahlen. Dabei ist nicht auszuschließen, dass Beschäftigte durchaus einmal den Gesamtbestand zählen oder Geld wechseln, wenn sie den einzuzahlenden Betrag nicht passend haben. Damit könnte der Fangstoff auch durch eine berechtigte Handlung übertragen werden und nicht zwingend bei Begehung einer neuerlichen Straftat.

Die Diebesfalle stellt in diesem Fall kein geeignetes Mittel zur Beweisführung dar.

Im Falle der Krankenhausdiebstähle ist eine solche Maßnahme als durchaus Erfolg versprechend einzustufen. Die Beschäftigten zahlen ihre Zuwendungen durch den einem Sparschwein immanenten Geldschlitz ein. Wechselungen oder anderweitige Geldentnahmen finden nicht statt. Spuren des Fangstoffes können, bei korrektem Ablauf und weisungsgemäßem Verhalten der Vertrauensperson, nur durch eine unberechtigte Geldentnahme, sprich einem Diebstahl, übertragen werden.

In diesem Fall wird die Präparierung einer Diebesfalle befürwortet.

Mögliche Verfahrensweise:

Die sachbearbeitende Dienststelle, die Kriminaltechniker und die Stationsschwester erörtern gemeinsam noch einmal den Sachverhalt, lassen sich die Örtlichkeit beschreiben (eventuell anhand von Bildern) und die Arbeitsabläufe auf der Station schildern. Die Stationsschwester wird als Vertrauensperson in die Erfordernisse im Umgang mit der Diebesfalle eingewiesen und erhält detaillierte Handlungsanweisungen. Aufgrund des Schichtdienstes im Krankenhaus kann es sinnvoll sein, noch maximal eine weitere loyale Person ins Vertrauen zu ziehen.

Der Kriminaltechniker präpariert einige Geldscheine, deren Nummern feststehen (vorher, wenn technisch möglich, Kopien fertigen, ansonsten fotografieren) mit einer Fangstoffkombination und deponiert sie im Sparschwein. Dabei ist darauf zu achten, dass die Außenseite nicht kontaminiert wird bzw. anschließend gereinigt wird.

Die gewählte Fangstoffkombination darf keinesfalls anderweitig am Tatort vorkommen.

Im vorliegenden Fall entscheidet sich der Kriminaltechniker beispielsweise für eine Kombination aus Silbernitrat und Fluoreszenzpulver.

Abb. 51: Fluoreszenzpulver und Silbernitrat

Abb. 52: Fluoreszenzpulver unter UV-Licht

Die Stationsschwester wird um eine Liste gebeten, die alle in Betracht kommenden Beschäftigen, deren Erreichbarkeit und die Dienstzeiten enthält.

Sie wird instruiert, das verschlossene Sparschwein wieder am gewohnten Ort aufzustellen, an den internen Abläufen keinerlei Änderungen vorzunehmen und das Geld im Schwein regelmäßig, mindestens zweimal täglich, unauffällig zu kontrollieren. Dabei bietet es sich an, die Kontrollzeiten in Anlehnung an die internen Abläufe taktisch klug zu wählen. Bei der Kontrolle ist darauf zu achten, dass keinerlei Fangstoff nach außen dringt. Für die Kontrolle sind Einweghandschuhe zu benutzen und anschließend unverzüglich außerhalb des Krankenhauses sicher zu entsorgen.

Wird ein neuerlicher Diebstahl festgestellt, ist sofort die sachbearbeitende Dienststelle oder ersatzweise der Kriminaldauerdienst zu informieren. Von dort wird die kriminaltechnische Dienststelle verständigt. Alle zum möglichen Täterkreis gehörenden Personen sind, soweit möglich, in einem vorher bestimmten Raum zu versammeln. Weigern sich Personen, vor Ort zu verharren, werden sie später aufgesucht.

Während der Wartezeit auf die Polizei müssen die Vertrauenspersonen darauf achten, dass der direkte Kontakt untereinander, in Form von Händeschütteln oder Ähnlichem unterbleibt, um Sekundärübertragen zu verhindern.

Unter Umständen kann eine zuvor zurechtgelegte Legende helfen, die Beschäftigten vor Ort zu halten, ohne dass jemand einen Zusammenhang mit den Diebstählen herstellt.

Durch den Kriminaltechniker werden nun die Hände aller Personen sowie deren Kleidung, Taschen, Spinde, Schreibtische und andere mögliche Verstecke auf Spuren der Fangstoffe hin untersucht. Die Art und Weise der Untersuchung richtet sich nach den Mitteln der Präparierung. Im vorliegenden Fall kann das Fluoreszenzpulver durch Ableuchten mit UV-Licht nachgewiesen werden. Das Silbernitrat brennt sich zunächst unsichtbar und schmerzlos in die Haut ein und wird durch Benetzen oder Eintauchen der Körperregion, vorzugsweise der Hände, in Fotoentwickler in Sekundenschnelle sichtbar.

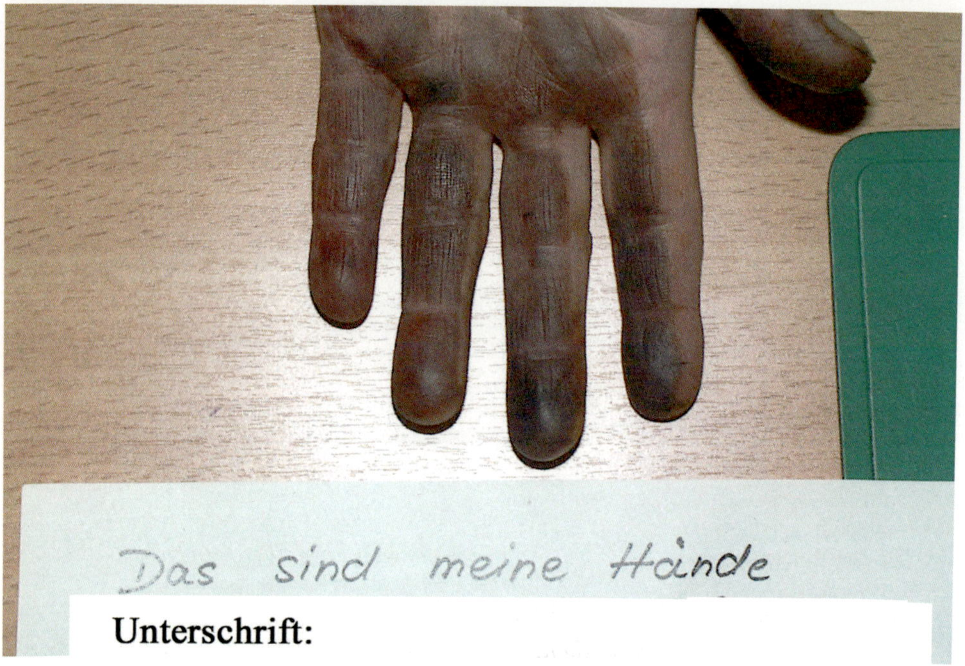

Abb. 53: Spuren von Silbernitrat nach Tauchen in Fotoentwickler

Abbildung 53 zeigt deutlich Spuren von Silbernitrat an einer Hand, die unmittelbar nach der Entdeckung eines Diebstahls aus einer Diebesfalle in Fotoentwickler getaucht wurde. Selbst wenn mehrere Personen als Tatverdächtige in Betracht kommen und Spuren des Fangmittels bereits bei der ersten Person sichtbar werden, sind die Hände aller Personen zu untersuchen. Auch bei zeitnaher Untersuchung nach Tatentdeckung besteht die Möglichkeit, dass der Täter die Beute weitergegeben hat oder der Diebstahl gemeinschaftlich von mehreren Personen begangen wurde. Insbesondere wenn der Fangstoff bei mehr als einer Person nachgewiesen werden kann, gestaltet sich die Beweislage sehr schwierig und muss über weitere Ermittlungen verdichtet werden.

Die Praxis hat gezeigt, dass die kriminaltechnische Untersuchung in unmittelbarem zeitlichen und örtlichen Zusammenhang mit der Straftat und der Überraschungseffekt des schnellen Nachweises des Fangmittels häufig zu einem spontanen Geständnis führen.

In einem solchen Fall kann es genügen, die sichtbar gewordenen Spuren, wie in Abbildung 53, fotografisch zu dokumentieren.

Im Beispielsachverhalt des Krankenhausdiebstahls handelt es sich um einen authentischen Fall, der auf diese Art und Weise aufgeklärt werden konnte. Das spontane Geständnis der Täterin ersparte ihr im Nachgang eine Entlassung. [42]

Im Zweifel sind die Spuren jedoch durch einen Arzt durch Herausschneiden von Hautpartikeln zu sichern und durch ein kriminaltechnisches Institut zu untersuchen. Das Untersuchungsergebnis beinhaltet dann generell den Nachweis, dass es sich um Spuren des in diesem Fall als Fangmittel eingesetzten Stoffes, hier Silbernitrat, handelt. Der Beweis, dass die Spuren unmittelbar aus der hier präparierten Diebesfalle stammen, kann im Zweifel nicht erbracht werden. Aus diesem Grunde werden in einigen Bundesländern Fangstoffe mit einer künstlichen DNA versetzt, die für jede kriminaltechnische Dienststelle einmalig ist und ihren Fangstoff mit einer Art Signatur kennzeichnet. Damit lässt sich der Nachweis führen, dass die Spuren dem Fangmittel der präparierenden Dienststelle entstammen.

In Ausnahmefällen stehen Personen für die kriminaltechnische Untersuchung unmittelbar nach der Tatentdeckung nicht zur Verfügung, sei es, weil sie sich weigern vor Ort zu bleiben, weil die kriminaltaktischen Vorgaben an die Vertrauenspersonen nicht eingehalten wurden, weil die Person nicht in den Kreis der potenziellen Täter einbezogen wurde oder weil der Täter den Fangstoff bei Tatbegehung bemerkt und sich bereits dem Zugriff entzogen hat.

In solchen Fällen wird der Fangstoff Silbernitrat innerhalb weniger Tage auch ohne den Einfluss von Entwickler sichtbar, selbst wenn der Täter intensive Versuche unternommen hat, die Hände zu reinigen. Silbernitrat lässt sich weder vor noch nach der Visualisierung durch Waschen entfernen. Die Vertrauenspersonen müssten dann instruiert werden, in den Tagen nach der Tatentdeckung auf Spuren an den Händen aller Mitarbeiter zu achten und bei deren Feststellung unverzüglich die Polizei zu verständigen.

Spuren von Silbernitrat bleiben, je nach Intensität, zwischen mehreren Tagen und mehreren Wochen sichtbar und wachsen nach und nach wieder aus.

Der Beweiswert von Diebesfallen hängt wesentlich von der Einhaltung der kriminaltaktischen Vorgaben und der schnellen und sorgfältigen Spurensicherungs- und Vernehmungsarbeit im Anschluss an die Tatentdeckung ab.

42 Ort und handelnde Personen wurden im Beispielsachverhalt frei erfunden.

4.10 Digitale Spuren

4.10.1 Einführung

Die Kriminalität unter Nutzung moderner Informations- und Kommunikationstechnik wurde ursprünglich als **IUK-Kriminalität** bezeichnet. „IUK-Kriminalität im engeren Sinne umfasst Straftaten, bei denen Elemente der elektronischen Datenverarbeitung in den Tatbestandsmerkmalen enthalten sind (Computerkriminalität). IUK-Kriminalität im weiteren Sinne umfasst Straftaten, bei denen die Informations- und Kommunikationstechnik zur Planung, Vorbereitung oder Durchführung eingesetzt wird.“ [43]

Gebräuchlich ist heute für diesen Deliktsbereich im polizeilichen Sprachgebrauch der Begriff **Cybercrime**. „Cybercrime umfasst die Straftaten, die sich gegen das Internet, Datennetze, informationstechnische Systeme oder deren Daten richten. Cybercrime umfasst auch solche Straftaten, die mittels dieser Informationstechnologie begangen werden.“ [44]

„Cybercrime im engeren Sinne umfasst Straftaten, bei denen Elemente der elektronischen Datenverarbeitung in den Tatbestandsmerkmalen enthalten sind. Dazu zählen:

- Betrug mittels rechtswidrig erlangter Debitkarten mit PIN
- Computerbetrug nach § 263a StGB
- Fälschung beweiserheblicher Daten, Täuschung im Rechtsverkehr bei der Datenverarbeitung nach § 269, 270 StGB
- Datenveränderung, Computersabotage nach § 303a, 303b StGB
- Ausspähen, Abfangen von Daten einschl. Vorbereitungshandlungen gem. §§ 202a, 202b und 202c StGB
- Softwarepiraterie (privates Handeln)
- Softwarepiraterie (gewerbsmäßiges Handeln)
- Betrug mit Zugangsberechtigungen zu Kommunikationsdiensten.“ [45]

Der Begriff Cybercrime im engeren Sinne ist mit dem Begriff der **Computerkriminalität** in der Polizeilichen Kriminalstatistik und den unter dem Summenschlüssel 897 000 erfassten Straftaten in etwa gleichzusetzen. In diesen Fällen des Cybercrime im engeren Sinne ist von einer (Teil-)Professionalisierung der Täter auszugehen. Die Bearbeitung dieser Delikte ist im Bundesland NRW in den Kreispolizeibehörden einer spezialisierten Dienststelle der Direktion Kriminalitätsbekämpfung zugewiesen.

Bei den Delikten, bei denen lediglich der heimische PC als Mittel zur Begehung der Tat eingesetzt wird, obliegt die Bearbeitung dieser Delikte in Nordrhein-Westfalen den jeweils für das Grunddelikt zuständigen Kriminalkommissariaten. Da nach Erhebungen des Statistischen Bundesamtes in Deutschland inzwischen über 85 % der Haushalte mit mindestens einem PC und über 90 % der Haushalte mit mindestens einem Mobiltelefon ausgestattet sind, [46] erfordert dies auch bei den Mitarbeiterinnen und Mitarbeitern der allgemeinen Fach- und Regi-

43 Ministerium für Inneres und Kommunales NRW: Bekämpfung der Kriminalität unter Nutzung von Informations- und Kommunikationstechnik durch die Polizei des Landes Nordrhein-Westfalen (Bekämpfung der IuK-Kriminalität), RdErl. vom 29.02.2012 - 423-62.18.09 - (MBl. NRW. 2012 S. 139), Ziffer 2.

44 LKA NRW (Hrsg.), Cybercrime in Nordrhein-Westfalen – Lagebild 2013, S. 3.

45 LKA NRW (Hrsg.), Cybercrime in Nordrhein-Westfalen – Lagebild 2013, S. 3.

46 https://www.destatis.de/DE/ZahlenFakten/GesellschaftStaat/EinkommenKonsumLebensbedingungen/AusstattungGebrauchsguetern/Tabellen/Infotechnik_D.html (zuletzt aufgerufen 18.12.2015).

onalkommissariate ein Grundlagenwissen über digitale Spuren sowie über deren Beweiskraft und deren Sicherung.

Wie bereits erwähnt, werden in der Polizeilichen Kriminalstatistik die Delikte des Cybercrime im engeren Sinne unter dem Summenschlüssel 897 000 „Computerkriminalität" erfasst. Für diesen Deliktsbereich weist die Polizeiliche Kriminalstatistik für das Erfassungsjahr 2014 in Nordrhein-Westfalen 20 715 Fälle aus.[47] Im Jahr 2014 wurden bundesweit 49 925 Delikte des Cybercrime im engeren Sinne registriert.[48]

Unter Nutzung des Internet als Mittel zur Tatbegehung wurden im Erfassungsjahr 2014 bundesweit 246 925 Straftaten registriert.[49] Im Land Nordrhein-Westfalen wurden bei der Benutzung des Internet als Tatmittel im gleichen Zeitraum 67 384 Fälle registriert.[50]

Wenn auch die Fallzahlen die zunehmende Bedeutung des Themenbereiches aufzeigen, so soll hier, dem Thema des Lehr- und Studienbriefes folgend, durch die Autoren keine Ausarbeitung über die Phänomenologie und die Tatbegehungsweisen des Cybercrime dargestellt werden. Im Rahmen dieses Lehr- und Studienbriefes werden lediglich Beweiswert und Beweiskraft sowie die Sicherung digitaler Spuren im Rahmen des Sicherungs- und Auswertungsangriffs, bezogen auf die gebräuchlichsten Geräte, abgehandelt. Für weitergehende Informationen sei hier auf fachspezifische Veröffentlichungen zum Phänomen und zur Ermittlungsführung im Bereich Cybercrime verwiesen.[51]

4.10.2 Begriffserläuterung

„Informations- und Kommunikations- (IUK-) oder digitale Spuren sind alle Informationen, die in binärer Form elektronisch gespeichert oder übermittelt werden."[52]

Als Hardware werden die verschiedenen technischen Bauteile eines Computersystems bezeichnet. Die Hardware kann wiederum differenziert werden in die Zentraleinheit (u.a. Prozessor, Arbeitsspeicher) und Peripheriegeräte (z.B. Maus, Tatstatur, Monitor, Scanner).

Als Software bezeichnet man die Programme, die auf einem Computer ausgeführt werden. Zu unterscheiden sind Betriebssysteme (z.B. Linux, Windows, Apple) und Anwenderprogramme (z.B. Word, Excel und viele andere Programmvarianten mehr).

4.10.3 Untersuchungsziele

„Ziel ist die Bereitstellung aller möglichen ermittlungsrelevanten Daten an die ermittlungsführende Dienststelle durch forensische Untersuchung im Sinne des Untersuchungsauftrages."[53]

47 LKA NRW (Hrsg.), Polizeiliche Kriminalstatistik Nordrhein-Westfalen 2014, Tab. 101.
48 BKA (Hrsg.), Polizeiliche Kriminalstatistik Bund, Jahrbuch 2014, S. 5.
49 BKA (Hrsg.), Polizeiliche Kriminalstatistik Bund, Jahrbuch 2014, S. 10.
50 LKA NRW (Hrsg.), Polizeiliche Kriminalstatistik Nordrhein-Westfalen 2014. S.106.
51 Als weiterführende Literatur sei hier für den zugelassenen Leserkreis auch hingewiesen auf:
BKA (Hrsg.), Sicherstellung digitaler Beweismittel – Best Practice Guide – (VS - nfD)
LKA NI (Hrsg.), Sichere Behandlung elektronischer Beweismittel
LKA NRW, Merkblatt zur Sicherstellung von Datenträgern (VS-nfD).
52 BKA, Anleitung Tatortarbeit-Spuren, Abschnitt 16.
53 BKA, Anleitung Tatortarbeit-Spuren, Abschnitt 16.

Zu beachten ist hierbei, dass Speichermedien, Geräte und ggf. Benutzerhandbücher weiterhin als Träger von Fingerspuren, DNA-Spuren sowie weiterer Spuren in Betracht kommen, die z.B. Hinweise auf den Nutzer geben können.

4.10.4 Spurenart

Da es sich bei digitalen Spuren um jegliche Form von binär (d.h. als Abfolge von Einsen und Nullen) gespeicherten Informationen handelt, lassen sie sich nicht in das übliche Raster von Materialspur, Formspur, Situations- oder Gegenstandsspur einordnen. Sie müssen als eine (neue) eigene Spurenart gewertet werden.

Der Aufbau der Geräte, der Auffindungs- und Betriebszustand sind als Situationsspur zu bewerten. Die Geräte selbst sind als Gegenstandsspur anzusehen, da sie häufig mit Seriennummern (oder z.B. der IMEI-Nummer) versehen sind. Daher ist auch ihre Herkunft oftmals nachvollziehbar bzw. zuordnungsfähig. Sie sind somit in der Sachfahndung in INPOL bzw. SIS ausschreibungsfähig.

4.10.5 Spurensuche/Sicherungsangriff

„Die Suche nach IUK-Spuren gliedert sich im Wesentlichen in zwei Teile. Zu unterscheiden ist zwischen dem Spurenträger und der eigentlichen Spur (dem Hinweis/Beweis).

- Der Spurenträger kann von jedem Polizeibeamten gesucht und sichergestellt werden.
- Die Suche und Sicherung nach der eigentlichen IUK-Spur dagegen wird im Rahmen einer Untersuchung durch eine Fachdienststelle durchgeführt.“ [54]

Digitale Spuren sind zu finden:

- auf dem Computer oder sonstigen digitalen Tatmitteln des Täters (→ Beweismittel und Tatmittel = Einziehungsgegenstand) und
- auf dem Computer oder sonstigen digitalen Endgeräten des Opfers (→ Beweismittel) oder
- auf Servern von Providern.

Für erste Maßnahmen im Rahmen des Sicherungsangriffs kommt es zunächst auf eine Erhaltung des Status quo an, d.h. jegliche Form der Bedienung digitaler Geräte ist zu unterbinden. Betriebszustände der Geräte und wer welches Gerät bedient oder mitgeführt hat, sind genau zu dokumentieren (z.B. Bildschirm fotografieren). Geräte und Speichermedien sind in dem Zustand zu belassen, wie sie aufgefunden wurden. Eigene Auswertungsversuche sind zu unterlassen. (So auch der Versuch einen PIN-Code zu „knacken“.) Die Sicherung von digitalen Spuren erfolgt dann später durch die Kräfte des Auswertungsangriffs.

Eine Auswahl möglicher digitaler Beweismittel ist in der nachfolgenden Übersicht dargestellt:

54 BKA, Anleitung Tatortarbeit-Spuren, Abschnitt 16.

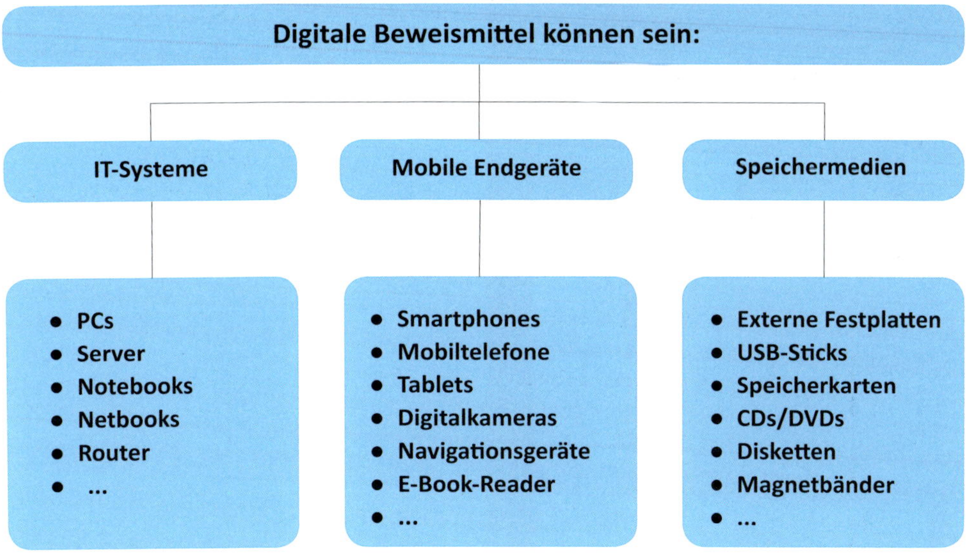

Abb. 54: Digitale Beweismittel

Digitale Spuren können jedoch nicht nur bei den oben aufgeführten uns allseits bekannten Geräten erlangt werden. Die Digitalisierung vieler technischer Bereiche sorgt dafür, dass auch in klassischen Deliktsbereichen, wie z.B. dem Fahrzeugdiebstahl, digitale Spuren für die Herstellung von Tatzusammenhängen genutzt werden können. So werden heute für den Diebstahl von Kraftfahrzeugen nach dem Öffnen der Fahrzeuge (z.B. durch Zieh-Fix-Einsatz und anschließendem Einsatz neuer Schließzylinder) die Fahrzeugdaten ausgelesen. Anschließend werden Schlüsselrohlinge zum Öffnen und Starten des Fahrzeuges neu programmiert. Bei Zwischenstopps (z.B. an Tank- und Raststätten) kann das Fahrzeug dann unauffällig verschlossen und später ordnungsgemäß gestartet werden. Ein Diebstahl des Fahrzeuges ist ohne Einsichtnahme in die Papiere und eingehende Überprüfung durch Polizeibeamte kaum feststellbar.

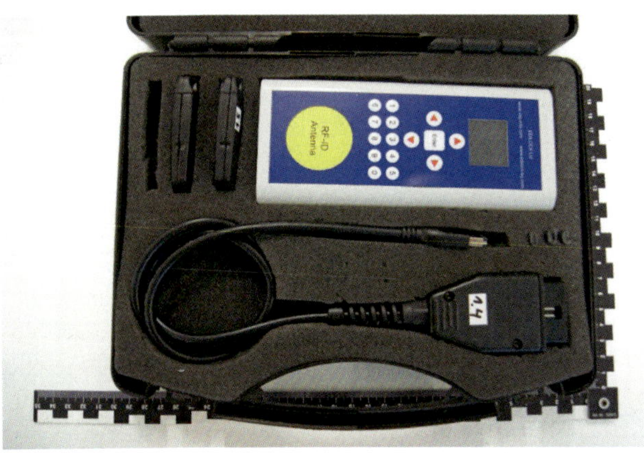

*Abb. 55: Auslesegerät für Fahrzeugdaten**

* Abb. 55 wurde mit freundlicher Unterstützung des LKA NRW gefertigt.

*Abb. 56: Programmierbarer Schlüsselrohling**

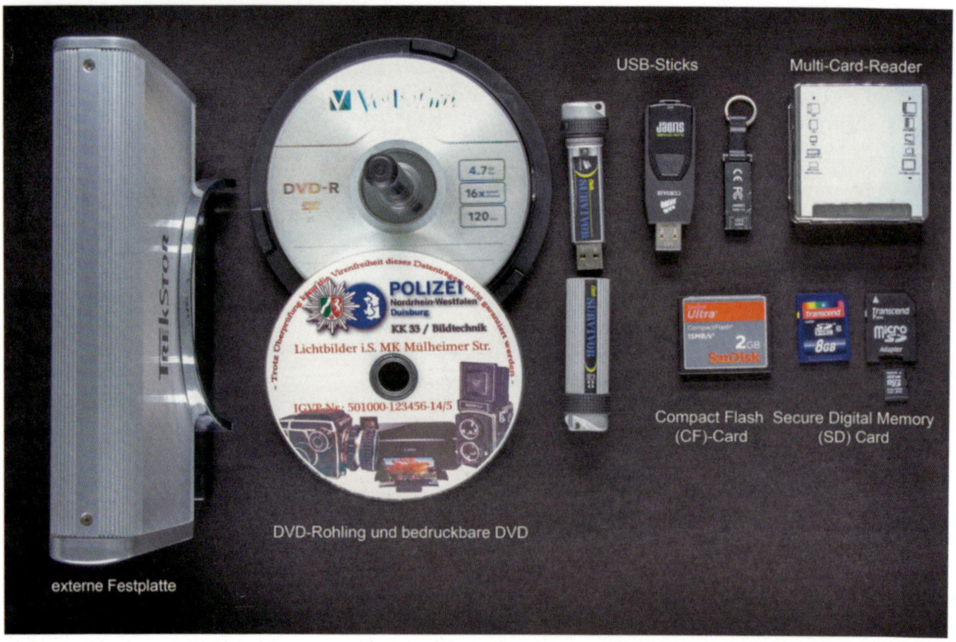

Abb. 57: Gebräuchliche digitale Datenträger

* *Abb. 56 wurde mit freundlicher Unterstützung des LKA NRW gefertigt.*

4.10.6 Beweiswert

Allgemeine Beweiskraft

Bei digitalen Spuren ist eine Klassifizierung der Spuren in Gruppen-/Individualbeweis und Ausschluss nicht möglich, ähnlich wie bei Situationsspuren. Je nach Gerät oder Datenträger lassen sich sehr unterschiedliche Daten auswerten und bieten eine Vielzahl von Beweis- und Ermittlungsmöglichkeiten. So bieten in einer Reihe traditioneller Deliktsbereiche, z.B. der Eigentums-, Vermögens- oder Gewaltkriminalität, gerade bei mobilen Geräten vorhandene Protokolle über Telefonate und SMS, Adressverzeichnisse sowie GPS- oder Navigationsdaten relevante Ansatzpunkte, um Beziehungsgeflechte gemeinschaftlich handelnder Personen, Kontaktaufnahmen zu Opfern, die Anwesenheit an oder das Auskundschaften von Tatörtlichkeiten zu belegen und weitere Ermittlungsansätze zu generieren. Problematisch sind inzwischen jedoch die hohe Datenspeicherkapazität, die selbst preiswerte Geräte und Speichermedien bieten, und die damit anfallenden hohen Datenmengen, die dann ausgewertet werden müssen. Eine Auswahl der möglichen beweiserheblichen Daten ist in der nachfolgenden Übersicht dargestellt.

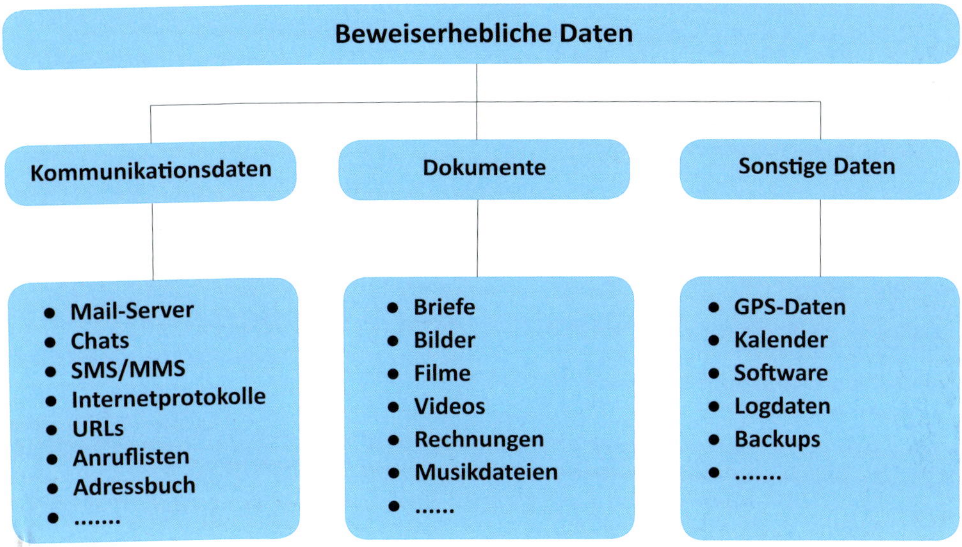

Abb. 58: Beweiserhebliche Daten

Konkreter Beweiswert

Der konkrete Beweiswert ist in einem Verfahren, bei dem digitale Spuren eine Rolle spielen, u.a. abhängig von der in Rede stehenden Tat, dem benutzten Gerät und den jeweiligen gesicherten digitalen Spuren. Hier muss in jedem zu beurteilenden Sachverhalt eine genaue Einzelfallbetrachtung erfolgen.

Im Leitsachverhalt ist es u.a. im Kinderzimmer der Tatwohnung zu einer engen körperlichen Auseinandersetzung zwischen Täter und Opfer gekommen. Durch die Beamten des Streifendienstes wird unter der Jugendliege in der Tatörtlichkeit ein Smartphone der Marke HTC gefunden. An der Außenseite des Smart-

phones können sich sowohl Fingerspuren als auch körperzellenhaltige Spuren befinden (siehe hierzu die Ausführungen in den entsprechenden Fachkapiteln).

Bei dem Smartphone selbst handelt es sich um eine Gegenstandsspur. Bedingt durch die Herstelleraufschrift (HTC) als auch die (mögliche) Typenangabe, kann hier von einem Gruppenbeweis gesprochen werden. Durch die IMEI-Nummer oder einen entsprechenden Aufkleber mit der Gerätenummer im Geräteinneren kann hier eine individuelle Zuordnung des Gerätes erfolgen. Die Lage des Gerätes bei der Auffindung sowie der Betriebszustand des Gerätes sind als Situationsspur anzusehen. Die Lage des Gerätes am Tatort unter der Jugendliege spricht für einen unbeabsichtigten Verlust des Gerätes während des Tatgeschehens durch den Täter.

Durch Auswertung des Gerätes können eine Vielzahl digitaler Spuren, d.h. in binärer Form gespeicherter Informationen, erlangt werden. So kann zunächst einmal die Telefonnummer der eingelegten SIM-Karte und die IMEI-Nummer des Gerätes festgestellt werden. Über eine Sachfahndungsabfrage der IMEI-Nummer lässt sich klären, ob das Gerät als entwendet ausgeschrieben wurde, wer der letzte (legale) Eigentümer war und wann und wo es eventuell entwendet wurde. Über die Telefonnummer kann der Provider und der Vertragsinhaber festgestellt werden. Sollte das Gerät nicht in der Sachfahndung einliegen und ein Vertragsinhaber wird festgestellt, dann ist mit hoher Wahrscheinlichkeit davon auszugehen, dass der Vertragsinhaber das Gerät während der Tatbegehung verloren hat. Darüber lässt sich zumindest ein Anfangsverdacht gegen den Vertragsinhaber begründen, die Person ist als Beschuldigter anzusehen.

Auf dem Handy bzw. auf der eingelegten Speicherkarte können eine Vielzahl unterschiedlicher Daten gespeichert sein. Dies hängt davon ab, in welchem Umfang das Smartphone von seinem Besitzer genutzt wurde. Möglich sind u.a. folgende Informationen:

- *Aus dem Adressbuch: Namen, Anschriften, Telefonnummern, Mailanschriften und ggf. weitere Informationen zur jeweiligen Person. Sollte es sich hierbei um das „legale Handy" des Beschuldigten handeln, so könnte durch die Auswertung des Adressbuches der Bekanntenkreis des Beschuldigten aufgeklärt werden. Entsprechende Personaldaten und Rufnummern könnten zunächst in polizeilichen Datensystemen (so z.B. FINDUS) überprüft und in weitere Beziehungen (zu anderen Personen oder polizeilich relevanten Sachverhalten) gesetzt werden.*
- *Liste der eingehenden und ausgehenden Anrufe mit gewählten Rufnummern und Zeitpunkten der Gespräche. Selbst wenn es sich nicht um das „legale" Handy des Täters handelt, ist es polizeilich von Interesse, welche Anrufe seit dem Zeitpunkt der Entwendung des Gerätes auf dem Handy eingegangen oder durch den Täter geführt worden sind. Entsprechende Rufnummern können in polizeilichen Datensystemen überprüft werden, der Anschlussinhaber kann über den entsprechenden Provider ermittelt werden.*
- *Liste der eingehenden und ausgehenden SMS/MMS mit gewählten Rufnummern und Zeitpunkt des Eingangs bzw. der Versendung sowie Inhalt der SMS bzw. MMS und anderer Nachrichtendienste (WhatsApp, Facebook etc.). Auch hier kann der Anschlussinhaber über den Provider ermittelt werden bzw. können die Daten in polizeilichen Datensystemen überprüft werden. Sollte die Option des „Dauerhaft-angemeldet-Bleibens" in bestimmten*

Apps bzw. auf bestimmten Webseiten genutzt worden sein, so ermöglicht dies den Zugriff auf entsprechende weitere Daten (bspw. Facebook-Profile).

- *Dateien aus Cloud-Diensten (Google Drive, Dropbox, OneDrive etc.)*
- *Gespeicherte Bilder bzw. Videos mit Zeitpunkt der Aufnahme (abhängig von korrekter Datums- und Uhrzeiteinstellung des Handys). Hierbei lässt sich nachvollziehen, ob ggf. auf dem Handy Bilder/Videos von einer möglichen Aufklärung des Tatortumfeldes oder der Geschädigten befinden. Möglicherweise befinden sich hier auch Aufnahmen bezogen auf weitere zukünftig geplante Taten oder früher begangene Taten.*
- *Eventuell befinden sich auf dem Handy auch „Selfies" des „Beschuldigten". In diesem Fall besteht dann die Möglichkeit, das Bild im Rahmen einer GES-Recherche*[55] *mit einer zurzeit ca. 3 Mio. Lichtbilder umfassenden Referenzdatenbank des BKA abzugleichen (entsprechende Lichtbilder werden automatisch aus dem E-Gruppenbestand in die Referenzdatenbank übernommen).*
- *Über den Browserverlauf lässt sich nachvollziehen, welche Internetseiten (URLs) mit dem Handy geöffnet wurden. Eventuell können hier weitere Hinweise auf bereits begangene Taten bzw. weitere Tatorte oder Opfer erlangt werden.*
- *Weiterhin können sich auf dem Handy auch Sprachaufzeichnungen befinden.*
- *Insofern der GPS-Dienst von Google (oder einem alternativen Anbieter) genutzt wurde, können einzelne Standorte mitsamt einem Zeitstempel mithilfe des Google-Standortverlaufs* (https://maps.google.com/locationhistory/b/0) *nachvollzogen werden.*
- *Möglich ist auch eine Funkzellenanalyse nach § 100g StPO*[56].

4.10.7 Spurensicherung

Im Rahmen des **Sicherungsangriffs** erfolgt durch die dafür zuständigen Kräfte lediglich die Erhaltung und Sicherung des Status quo von Geräten und Datenträgern. Die Sicherung und das Auslesen digitaler Spuren erfolgt anschließend im Rahmen des **Auswertungsangriffs** durch spezialisierte Kräfte.

Zunächst ist allen Personen der Zugriff auf Geräte oder Datenträger zu verweigern bzw. der Zugriff zu unterbinden, damit keine Veränderungen oder Löschungen erfolgen können. Das Ausschalten der Geräte oder die Unterbrechung der Stromzufuhr muss auf jeden Fall verhindert werden. Bei Notebooks ist das Schließen des Displays durch Dritte zu verhindern, da sonst ggf. zur Behebung einer Sperrung das Kennwort erforderlich ist. Sodann ist die jeweilige Auffindungssituation mit Lichtbildern im Rahmen einer Lichtbildmappe zu dokumentieren und eventuell auch zu skizzieren. Bei eingeschalteten Geräten ist zusätzlich der Bildschirm zu fotografieren, sodass festgehalten wird, welche Anwendungen ge-

55 GES = Gesichtserkennungssystem.

56 § 100g StPO setzt eine Straftat von erheblicher Bedeutung, insbesondere eine Katalogtat nach § 100a Abs. 2 StPO, voraus. Die Verweisung auf § 100a Abs. 2 StPO ist nicht abschließend. Es muss sich mindestens um eine Straftat mittlerer Kriminalität handeln, der im Einzelfall aufgrund des besonders geschützten Rechtsgutes oder des besonderen öffentlichen Interesses an der Verfolgung erhebliche Bedeutung zukommen kann (Meyer-Goßner/Schmitt, § 100g Rz. 13). Die vorliegende versuchte Vergewaltigung ist als Straftat von erheblicher Bedeutung im Sinne des § 100g StPO anzusehen.

öffnet sind. Anschließend sind die Kabelanschlüsse und Anschlüsse von Peripheriegeräten fotografisch zu dokumentieren, ggf. auch ergänzend zu skizzieren.

Jede Durchsuchungsmaßnahme, die gezielt zur Auffindung digitaler Beweismittel führen soll, ist besonders vorzubereiten. Ein Sachbearbeiter der Fachdienststelle für Cyberkriminalität ist, wenn möglich, hinzuzuziehen. Sollte dies nicht möglich sein, so ist zumindest die jederzeitige telefonische Erreichbarkeit eines Sachbearbeiters der Fachdienststelle für eventuelle Rückfragen nach Möglichkeit sicherzustellen.

Die Geräte von Opfer und Täter werden mit unterschiedlichen Maßnahmen gesichert. Es gilt aber grundsätzlich:

- Ausgeschaltete Geräte bleiben ausgeschaltet!
- Eingeschaltete Geräte bleiben eingeschaltet!

Beschuldigte oder Zeugen sollten nach Passwörtern befragt werden, da diese bei einer späteren Auswertung durch die IuK-Ermittlungsunterstützung eventuell benötigt werden. [57]

Zu differenzieren ist das taktische Vorgehen bei ausgeschaltetem und eingeschaltetem System. Weiter ist zu differenzieren zwischen nicht verbundenen transportablen Geräten und verbundenen bzw. verkabelten transportablen Geräten

Für alle ausgeschalteten Geräte gilt stets:

- Das Gerät **nicht** einschalten und **keine** Eigenversuche mit möglichen Passwörtern versuchen!
- Ist die Sicherung von Fingerspuren und körperzellenhaltigen Spuren erforderlich, sind zunächst entsprechende Spurensicherungen durchzuführen oder Geräte als entsprechende Spurenträger zu kennzeichnen und zu behandeln.
- Die Auffindungssituation des Gerätes/des Systems muss nachvollziehbar dokumentiert werden (Fotodokumentation/Anschlussskizze).
- Alle angeschlossenen Komponenten sind festzustellen, die Anschlüsse sind zu dokumentieren und verwechslungssicher zu kennzeichnen (z.B. durch Klebeetiketten).
- Bei mobilen Systemen (u.a. Laptops/Handys) sind zusätzlich zugehörige Ladekabel und Netzteile sicherzustellen.
- Verwechslungssichere Kennzeichnung und genaue Auflistung der Asservate im Sicherstellungs- und Beschlagnahmeprotokoll vornehmen und vorsichtiges Verpacken (soweit möglich in der Originalverpackung).
- Sicherstellung angeschlossener Peripheriegeräte.
- Erfragen von Zugangspasswörtern und Aufbewahrungsort von Unterlagen über PIN, PUK usw.
- Suche und Sicherstellung der Begleitunterlagen (Rechnungen, PIN, PUK, Aufzeichnungen über Kennwörter und Zugangsdaten, Handbücher, sonstige Unterlagen).

Bei eingeschalteten PCs:

- Wenn möglich, IT-Ermittlungsunterstützung hinzuziehen.
- Bildschirm abfotografieren (u.a. Datum und Uhrzeitanzeige).

57 Kirchhoff, IUK-Kriminalität, in Kriminalistik 7/2013, S. 493.

- Kein Zugriff von Beschuldigten oder Zeugen zulassen.
- Stromzufuhr nicht unterbrechen.
- Sicherung von Fingerspuren und körperzellenhaltigen Spuren erforderlich? Dann zunächst entsprechende Spurensicherungen durchführen oder als entsprechenden Spurenträger kennzeichnen und behandeln.
- Keine Standortveränderung eingeschalteter Komponenten vornehmen.
- Keine Programme starten.
- Keine eigene Sichtung von Daten vornehmen.
- Keine Datensicherung auf andere Speichermedien vor Ort vornehmen.

Nur wenn IT-Ermittlungsunterstützung nicht erreichbar ist:

- Gerät durch Ziehen des Netzsteckers ausschalten (nicht bei Servern).[58]
- Rechner nicht durch reguläres Beenden von Programmen herunterfahren (hier drohen Datenveränderung bzw. Datenverlust).
- Rechner durch Ziehen der Netzzuleitung am Gerät ausschalten.
- Laptop/Notebook durch Entnahme des Akkus ausschalten, **hierzu nicht das Display herunterklappen**.
- Verwechslungssichere Kennzeichnung und genaue Auflistung der Asservate im Sicherstellungs- und Beschlagnahmeprotokoll vornehmen und vorsichtig verpacken (soweit möglich in der Originalverpackung).
- Sicherstellung angeschlossener Peripheriegeräte.
- Erfragen von Zugangspasswörtern und Aufbewahrungsort von Unterlagen über PIN, PUK usw.
- Suche und Sicherstellung der Begleitunterlagen (Rechnungen, PIN, PUK, Aufzeichnungen über Kennwörter und Zugangsdaten, Handbücher, sonstige Unterlagen).

Mobiltelefon ausgeschaltet:

- Gerät nicht einschalten.
- Sicherung von Fingerspuren und körperzellenhaltigen Spuren erforderlich? Dann zunächst entsprechende Spurensicherungen durchführen oder als entsprechenden Spurenträger kennzeichnen und behandeln.
- Kein SIM-Karten-Wechsel.
- Keine Entnahme des Akkus.
- Sicherstellung der Begleitunterlagen (Rechnungen, PIN, PUK, Handbuch).
- Sicherstellung von Ladekabel/Ladegerät.

Mobiltelefon eingeschaltet:

- Gerät nicht ausschalten und Stromversorgung gewährleisten.
- Sicherung von Fingerspuren und körperzellenhaltigen Spuren erforderlich? Dann zunächst entsprechende Spurensicherungen durchführen oder als entsprechenden Spurenträger kennzeichnen und behandeln.

58 Bestehen Anzeichen dafür, dass von dem Gerät aus externe Speicher genutzt werden, z.B. eine Cloud, besteht die Gefahr, dass ein Zugriff auf die dortigen Daten nach Ziehen des Netzsteckers nicht mehr möglich ist. Hier ist dann vor Ort eine entsprechende Abwägungsentscheidung zu treffen.

- Netzwerkverbindungen feststellen (GPRS/UMTS/WMTS etc.)
- Display abfotografieren (u.a. Datum- und Uhrzeitanzeige)
- Verfügbares Zubehör vollständig sicherstellen, u.a. Ladekabel, Datenkabel, Bedienungsanleitungen.
- Zugangsdaten (PIN/PUK) erfragen und entsprechende Unterlagen sicherstellen.
- Speicherkarten u.Ä. nicht entfernen oder wechseln.
- Auf externe Datenträger achten (SD-/MMC-Karten).
- Zusätzliche SIM-Karten nicht einlegen, jedoch sicherstellen (für Täterkommunikation während der Begehung von Straftaten werden häufig separate und nur dann eingesetzte SIM-Karten bzw. Prepaid-SIM-Karten benutzt).
- Sofortiges Unterbinden der Datenverbindung des Handys durch vollständige Abschirmung des Gerätes, um eine Veränderung von Daten zu verhindern (z.B. Gerät dick in Alufolie einwickeln oder Gerät in den Flugmodus schalten).

Das Handy ist nach §§ 94, 98 StPO als Beweismittel zu beschlagnahmen. Ist das Gerät eingeschaltet, so ist zunächst die Netzverbindung zu protokollieren und der Bildschirm des Gerätes ist zu fotografieren. Das Gerät ist nicht auszuschalten, Speicherkarten oder die SIM-Karte sind nicht zu entfernen. Um einer Veränderung von Daten vorzubeugen, ist das Gerät mit Alufolie (1 Gerät = 1 Rolle Alufolie) abzuschirmen. Soweit möglich, ist die Stromversorgung des Gerätes zu gewährleisten. Da es sich hier um ein zurzeit gebräuchliches Handy handelt, wird vermutlich im Kollegenkreis ein entsprechendes Ladegerät zu beschaffen sein.

Entsprechende Rufnummern, Mailanschriften oder Namen können mit dem Inhalt polizeilicher Datensysteme (z.B. INPOL/POLAS, FINDUS) sowie Einwohnermeldedaten abgeglichen werden und so zur Gewinnung weiterer Erkenntnisse führen.

Das beschlagnahme Handy ist zur Auswertung unverzüglich der zuständigen Dienststelle zu übergeben/übersenden.

Externe Festplatten/USB-Sticks

Nicht angeschlossene Speichermedien oder Speichermedien an ausgeschalteten PCs können problemlos sichergestellt und in Papiertüten verpackt werden. Ist die Sicherung von Fingerspuren und körperzellenhaltigen Spuren erforderlich, sind zunächst entsprechende Spurensicherungen durchzuführen oder als Spurenträger entsprechend zu kennzeichnen und zu behandeln.

Auf der Außenseite ist die Verpackung verwechslungssicher zu kennzeichnen und der Hinweis „Achtung Datenträger“ zu vermerken. Entsprechende Anschlusskabel (z.B. für externe Festplatten) sind stets ebenfalls sicherzustellen und zuordnungssicher zu kennzeichnen. Speichermedien sind grundsätzlich vor Druckbelastungen, Hitze und Magnetismus geschützt zu verwahren und zu transportieren.

Befinden sich die Speichermedien (z.B. USB-Stick) an einem eingeschalteten Gerät und wird das Gerät ebenfalls sichergestellt, so können die Speichermedien nach der Unterbrechung der Stromzufuhr des PC abgezogen werden. Alternativ kann das Speichermedium auch über die Funktion „Gerät entfernen“ am unteren rechten Bildschirmrand des PC abgeschaltet und danach abgezogen werden.

Digitalkameras
Ausgeschaltete Digitalkameras und Camcorder werden nicht eingeschaltet und mit Zubehör und Verpackungsmaterial sowie entsprechenden Handbüchern, Ladekabeln und zugehörigen Speichermedien sichergestellt/beschlagnahmt.

Eingeschaltete Digitalkameras und Camcorder werden ausgeschaltet und mit Zubehör und Verpackungsmaterial sowie entsprechenden Handbüchern, Ladekabeln und zugehörigen Speichermedien sichergestellt/beschlagnahmt.

Navigationsgeräte
In Navigationsgeräten können bisher gesuchte/gefahrene Routen gespeichert sein sowie die (angebliche) Heimatanschrift. Ist das Gerät nicht eingeschaltet, so bleibt es auch ausgeschaltet und wird mit dem entsprechenden Zubehör sichergestellt/beschlagnahmt. Häufig sind die Geräte mit einer individuellen Seriennummer gekennzeichnet und können somit in der polizeilichen Sachfahndung abgefragt werden.

Ist das Gerät eingeschaltet, so kann es i.d.R. ausgeschaltet werden und später durch die Fachdienststelle ausgelesen werden.

Handelt es sich um ein fest im Fahrzeug eingebautes und eingeschaltetes Gerät, so wird es nicht ausgeschaltet, der Bildschirm wird fotografiert. Die entsprechenden Menüpunkte des Gerätes werden dann nacheinander ausgelesen, fotografiert (soweit möglich) und die entsprechenden Informationen notiert (so z.B. zuletzt gesuchte/gefahrene Routen, gespeicherte Heimatadresse).

Grundsätzlich sind alle Asservate, auf denen sich digitale Spuren befinden können, von magnetischen Gegenständen, Feuchtigkeit, Hitze, Kälte und Erschütterungen fernzuhalten.

4.10.8 Spurenauswertung

Eine Auswertung gesicherter PCs, Mobiltelefone und Datenträger sollte nur durch einen geschulten Sachbearbeiter der jeweiligen Fachdienststelle erfolgen. In besonderen Fällen kann in NRW auf die in einem Kriminalkommissariat angesiedelten Kräfte der „IUK-Ermittlungsunterstützung“ zurückgegriffen werden.

5 Brandspuren

Im vorliegenden Kapitel wird ein Kurzüberblick über den Bereich wesentlicher Brandspuren gegeben. Die Maßnahmen der Spurensicherung beschränken sich auf den Ersten Angriff, um den Umfang der Ausführungen nicht ausufern zu lassen. Weitergehende Informationen entnehmen Sie bitte der einschlägigen Fachliteratur. [59]

Die Polizeiliche Kriminalstatistik weist für das Jahr 2014 bundesweit 6906, für Nordrhein-Westfalen 1256 Fälle von fahrlässiger Brandstiftung sowie bundesweit 8819 und für Nordrhein-Westfalen 1723 Fälle von vorsätzlicher Brandstiftung aus. Hinzu kommen auf Bundesebene noch 2590 bzw. in NRW 475 Delikte der schweren und 161 (Bund) bzw. 35 Fälle (NRW) der besonders schweren Brandstiftung. [60] In diesen Fällen und bei Sachbeschädigungen durch Brandlegungen ist damit zu rechnen, dass die bei den anderen Delikten häufig zu findenden und zu sichernden Spuren durch die Brand- oder Löscheinwirkung vernichtet sind. Durch den Brand selbst wird jedoch eine Vielzahl spezifischer Spuren erzeugt.

Nicht jedes schädigende Ereignis durch Hitzeeinwirkung ist als Brand zu bewerten. Hier bedarf es einer grundlegenden Definition. „**Brand** ist ein Feuer, das außerhalb einer bestimmungsgemäßen Feuerstätte (z.B. Ofen, Heizkessel, Lagerfeuer) entstanden ist oder sie verlassen hat und sich aus eigener Kraft auszubreiten vermag. Erscheinungsformen können Flammbrand, Glutbrand, Glimmbrand und Schwelbrand sein.“ [61]

Brandort ist der Ereignisort eines Brandes. Häufig ist zu Beginn der Ermittlungen noch nicht klar, ob es sich um einen Tatort handelt. [62]

Brandobjekt bezeichnet das Objekt, welches gebrannt hat.

Der „**Brandherd** ist der Teilbereich innerhalb eines Brandobjektes, von dem sich der Brand ausgeweitet hat. Er lässt sich durch seine Beschaffenheit selbst (Brandzehrung, Brandnarbe), durch Zurückverfolgung der Brandausbreitungsspuren und /oder durch eine V-förmige Brandzehrung (Brandtrichter) festlegen.“ [63]

Die Veränderung des Brandortes durch notwendige Lösch- und Hilfeleistungsarbeiten der Feuerwehr ist häufig unvermeidbar. Diese gefahrenabwehrenden Maßnahmen gehen der Ermittlungstätigkeit der Polizei grundsätzlich vor, somit müssen entsprechende Veränderungen, die damit verbunden sind, in Kauf genommen werden. Eingesetzte Feuerwehrkräfte kommen im späteren Ermittlungsverfahren als sachverständige Zeugen in Betracht, nicht jedoch als Sachverständige. [64]

Zu beachtende Maßnahmen zur Eigensicherung:
Bei Bränden kommt es regelmäßig zur Freisetzung von gesundheitsschädlichen Stoffen. Häufig ist zunächst unklar, welche Stoffe am Brandort gelagert wurden und gerade verbrennen. Daher hat aus Gründen der Eigensicherung der Aufenthalt im Brandrauch grundsätzlich zu unterbleiben. Ein Betreten des Brandortes

59 Zum Beispiel Holzmann, Lehr- und Studienbriefe Kriminalistik/Kriminologie, Band 10, Brandermittlung, Hilden 2008 oder Cicha, Die Ermittlung von Brandursachen, 2. Aufl., Stuttgart 2013.

60 LKA NRW (Hrsg.), Polizeiliche Kriminalstatistik Nordrhein-Westfalen 2014, Tabelle 101 und BKA (Hrsg.), Polizeiliche Kriminalstatistik Bund 2014, Tabelle 01, Grundtabelle-Fallentwicklung.

61 BKA, Anleitung Tatortarbeit - Spuren, Ziff. 15.

62 Roll, S. 11.

63 BKA, Anleitung Tatortarbeit - Spuren, Ziff. 15.

64 Zur Abgrenzung zwischen Sachverständiger und sachverständiger Zeuge siehe Band 1, Ziff. 1.3.7.

durch Polizeibeamte erfolgt erst nach Freigabe durch den Einsatzleiter der Feuerwehr.

Durch den Brandsachbearbeiter wird der Brandort nur mit angelegter Schutzausrüstung betreten. Dazu gehört u.a.:

- Schutzhelm
- Arbeitsoverall
- Arbeitshandschuhe
- Sicherheitsschuhe
- Ggf. Atemschutz

Spurzeichnungen bei Bränden

Das Kaleidoskop der durch einen Brand verursachten Spurzeichnungen ist ausgesprochen groß, die nachfolgende Grafik soll nur einen kurzen Überblick geben:

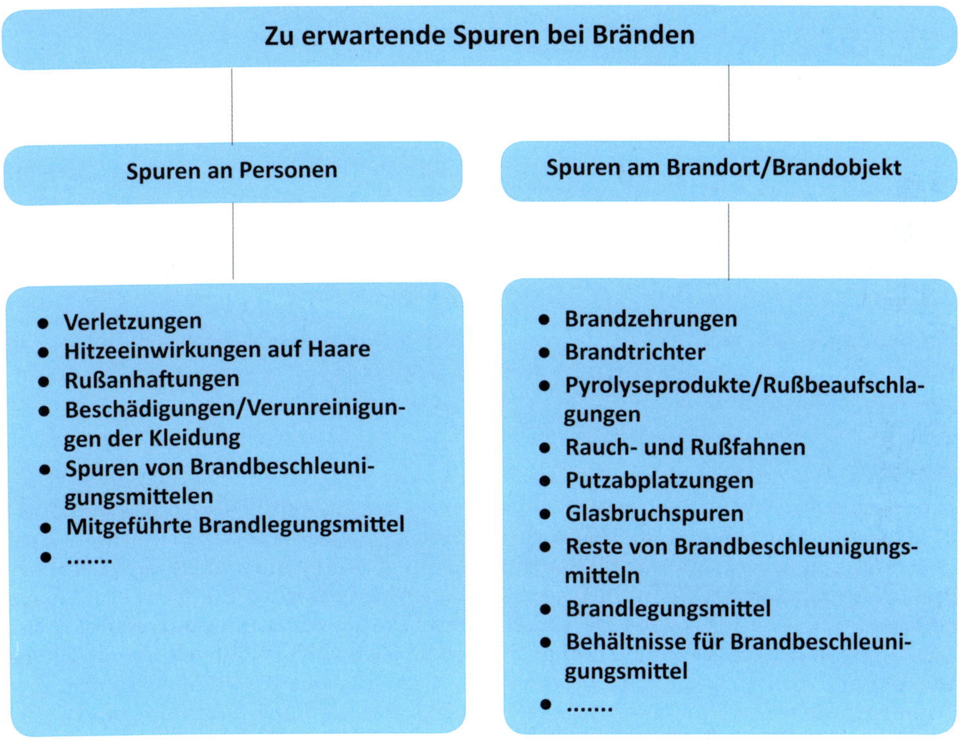

Abb. 59: Spuren bei Bränden

Die Spurzeichnung durch Brände und an Brandorten ist ausgesprochen facettenreich. Ziel der Autoren ist hier nicht, eine umfassende Abhandlung zu diesem Spurenkomplex vorzulegen, sondern es soll ein kurzer Überblick über die wesentlichen Spurenarten als Grundlagenwissen vorgestellt werden. Auf die Behandlung von Explosionsspuren wurde daher gleichfalls verzichtet.[65]

65 Weiterführend sei hier verwiesen auf: Holzmann, Lehr- und Studienbriefe Kriminalistik/Kriminologie, Band 10, Brandermittlung, Hilden 2008.

Untersuchungsziel bei Bränden

Grundsätzliches Untersuchungsziel bei Bränden ist u.a. Folgendes festzustellen:

- Brandverlauf
- Brandausbruchsort
- Brandausbruchszeit
- Brandursache
- strafrechtliches Fehlverhalten

„Wegen der hohen Zahl von möglichen Brandursachen kommt zu deren Eingrenzung grundsätzlich das **Eliminationsverfahren** zur Anwendung. Dabei werden lageangepasst und anhand der vorhandenen Spuren sämtliche Brandursachen einzeln geprüft und ggf. ausgeschlossen. Ziel ist es, alle Ursachen bis auf eine auszuschließen und diese widerspruchsfrei mit dem Spurenbild und dem Brandverlauf in Einklang zu bringen. Als Ergebnis des Eliminationsverfahrens können auch mehrere mögliche Ursachen nebeneinander stehen.“ [66]

Als Grundsatz lässt sich festhalten, je großflächiger der Brandort bzw. je länger die Brandeinwirkung, je komplexer das Brandgeschehen, desto schwieriger wird die Ermittlung des Brandausbruchsortes und der Brandursache sein. Ab einem bestimmten Punkt wird der polizeiliche Brandsachbearbeiter mit der Ermittlung dann überfordert sein. In Brandermittlungen mit

- Todesfällen,
- erheblich verletzten Personen oder
- hohen Sachschäden

empfiehlt sich dann – abhängig von den Fähigkeiten des Sachbearbeiters – in Abstimmung mit der zuständigen Staatsanwaltschaft einen Brandsachverständigen zu beauftragen.

Bedeutung und Maßnahmen des Ersten Angriffs

Einen nicht zu unterschätzenden Stellenwert hat im Bereich der Brandermittlung die sachgerechte und frühzeitige Erhebung des subjektiven Tatbefundes. Das Brandobjekt ist, genau wie die Einrichtung des Gebäudes nach den Löscharbeiten, häufig zerstört. Einrichtungsgegenstände werden von der Feuerwehr im Rahmen des Löscheinsatzes im Gebäude verlagert oder aus dem Gebäude entfernt. Türen und Fenster werden durch die Feuerwehr ggf. gewaltsam geöffnet, um Zutritt zum Brandobjekt zu erhalten. Für die spätere Rekonstruktion des Brandverlaufs und die Ermittlung der Brandursache sind diese Informationen jedoch unerlässlich. Sie können nur durch entsprechende Zeugenvernehmungen erlangt werden.

Durch frühzeitige Verbindungsaufnahme zur Einsatzleitung der Feuerwehr bzw. durch Entsendung eines Verbindungsbeamten lässt sich der Einsatz zwischen Feuerwehr und Polizei optimal koordinieren. Aufgabe des Verbindungsbeamten der Polizei ist aber nicht nur die Koordination des Einsatzes, sondern auch die Sammlung von Informationen über den Ablauf des Feuerwehreinsatzes. Nach Abschluss des Feuerwehreinsatzes bietet sich eine erste Vernehmung des Einsatzleiters der Feuerwehr vor Ort an, u.a. zu folgenden Aspekten:

66 BKA, Anleitung Tatortarbeit - Spuren, Ziff. 15.

- Kräfteeinsatz,
- Alarmierungszeit und Zeitpunkt des Eintreffens am Brandort,
- Zutritt zum Objekt,
- Wo hat es in dem Objekt gebrannt?
- Wie hat sich der Brandverlauf dargestellt?
- Wahrnehmungen zu Brandbeschleunigungsmitteln und festgestellten verdächtigen Gegenständen,
- Welche Personen wurden wo im Objekt angetroffen und in welchem Zustand waren die Personen?

Zutritt zum Brandobjekt erhält die Polizei erst nach Beendigung der Löscharbeiten, somit teilweise erst nach einigen Stunden. Diese Zeit sollte für die Durchführung erster Vernehmungen am Einsatzort genutzt werden. Soweit es der Gesundheitszustand der Personen zulässt, sind

- Brandentdecker,
- Hauseigentümer,
- Hausbewohner und
- umstehende Schaulustige

nach entsprechender sachgerechter Belehrung zu ihren Beobachtungen zu vernehmen. Hierbei ist insbesondere zu klären, wo sich die Personen bei Brandentdeckung aufgehalten haben und welche Personen sie noch im Brandobjekt bei Brandentdeckung bemerkt haben.

Die vernommenen Personen sind im Rahmen dieses Kontaktes genau in Augenschein zu nehmen. Der unmittelbare Kontakt mit Hitzequellen führt u.a. zu:

- Rötungen der Haut/Verbrennungen/Brandblasenbildung,
- Kräuselungen/Versengungen der Haarspitzen der Kopfbehaarung, des Bartes oder der Augenbrauen,
- Spuren von Brand- oder Hitzeeinwirkungen an der Bekleidung der Person.

Entsprechende Spuren am Körper der Person bzw. deren Bekleidung können natürlich durchaus im Rahmen von Lösch- oder Rettungsversuchen entstanden sein. Die wahrgenommenen Verletzungen sind mit dem zuvor erlangten Vernehmungsergebnis abzugleichen und stets fotografisch zu dokumentieren. Stehen Sie nicht im Einklang mit dem bisherigen Vernehmungsergebnis, so ist eine spätere körperliche Untersuchung der Person erforderlich. Hier sollte zunächst durch die Kräfte des Wach- und Wechseldienstes ein Vorhalt zum Widerspruch zwischen Vernehmungsergebnis und objektiver Beweislage unterbleiben. Die erlangten Erkenntnisse sind den Kräften des Auswertungsangriffs mitzuteilen. Das weitere ermittlungstaktische Vorgehen zur Klärung der Widersprüche ist den Kräften des Auswertungsangriffs zu überlassen. Bei der ersten Vernehmung der Person ist gleichfalls auf auffällige Gerüche von Brandbeschleunigern (z.B. Vergaserkraftstoffen) zu achten (siehe auch 5.2).

5.1 Brandzehrung, Pyrolyseprodukte (Rußablagerungen) und Putzabplatzungen

Begriffserläuterung

Brandzehrung ist eine Verkohlung bzw. Veraschung fester organischer Stoffe, vor allem von Holz, infolge der Flammen- oder Hitzeeinwirkung. Durch die hohen Temperaturen kommt es zu einer Verkohlung der Oberfläche mit narbenartigen Vertiefungen (Brandnarbe, Waffelmuster). [67]

Abb. 60: Brandzehrung an Holzbalken

Bei der Verbrennung entsteht Rauch und Ruß. Der entstandene Ruß lagert sich an der Decke, den Wänden und den übrigen im Raum befindlichen Gegenständen ab. Diese **Ablagerungen** schlagen sich in Räumen von oben nach unten nieder.

67 Wirth, S. 104.

Für die späteren Ermittlungen ist die möglichst unveränderte Erhaltung dieser Niederschläge wichtig. Hellere Stellen kennzeichnen z.B. den ursprünglichen Standort von ggf. nach dem Brand verrückten oder entfernten Gegenständen.

Abb. 61: Rußablagerungen

„Bei Bränden in Objekten, die aus massiven, nicht brennbaren Baustoffen errichtet sind, lassen sich sehr oft **Putzabplatzungen**, Risse im Mauerwerk oder abgeplatzte Betonschichten feststellen. Diese Erscheinungen sind ein Zeichen dafür, dass im Brandraum relativ hohe Temperaturen geherrscht haben.“ [68]

Abb. 62: Putzabplatzungen

68 Cicha, S. 51.

„Der **Brandtrichter** euer hat wegen des Auftriebs der Hitze das Bestreben, sich im Wesentlichen nach oben hin auszudehnen. Dies gilt insbesondere für die bei dem Brand entstehenden Rauch- und Heißgase. Eine weitaus geringere Ausdehnung des Feuers erfolgt seitlich, also in horizontaler Richtung. Die [...] nach oben abströmenden Verbrennungsprodukte (Ruß, Pyrolyseprodukte) werden sich an der dahinter liegenden Wand niederschlagen und dort eine von der Form her V- oder trichterförmige Antragung bewirken.“ [69] Bei größeren Brandorten kann es hingegen sein, dass ein Brandtrichter nicht mehr auffindbar ist.

Abb. 63: Brandtrichter

Spurenart

Der wesentliche Beweiswert liegt bei der Brandzehrung nicht in der Analyse der materialtechnischen Zusammensetzung des verbrannten Materials, sondern in der Bewertung des Ausmaßes des Brandes und ggf. der Tatsache, ob der Stoff eigenständig gebrannt hat. Da es hier eher um die räumliche Lage von Spuren bzw. die Ausbreitung von Spurenbildern geht, handelt es sich bei Brandzehrungen um Situationsspuren. Da sich aus der besonderen Form der Ausprägung der Brandzehrungen (typische blumenkohlartige Verformung) kriminalistische Rückschlüsse ziehen lassen, könnte hier auch noch von einer Formspur der besonderen Art gesprochen werden.

Auch bei den Rußablagerungen, dem Brandtrichter und den Putzabplatzungen geht es nicht um die materialtechnische Zusammensetzung, sondern um die räumliche Lage der Spuren bzw. um die Darstellung des Gesamtspurenbildes. Mithin handelt es sich hierbei kriminaltechnisch gesehen ebenfalls um Situationsspuren.

69 Holzmann, S. 33.

Allgemeine Beweiskraft

„An Hölzern aller Art und anderen Materialien lässt sich meist erkennen, von welcher Seite das Feuer in Form von Wärmestrahlung länger eingewirkt hat. Bei Möbelstücken (z.B. Schränken und Behältnissen aus Holz) lässt dies regelmäßig eine Aussage dahingehend zu, ob das Feuer von innerhalb oder außerhalb her auf das entsprechende Objekt übergegriffen hat. [...] Grundsätzlich nimmt die Intensität der Ausprägung von Brandspuren mit zunehmender Entfernung vom Brandherd/der Brandausbruchsstelle ab. Sie sind im Bereich der Ausbruchsstelle am deutlichsten ausgeprägt. An dieser Stelle sind in der Regel die intensivsten Brandschäden zu verzeichnen [...]“ [70].

Mithin lässt sich zur allgemeinen Beweiskraft festhalten, dass es sich bei Brandzehrungen infolge der hohen einwirkenden Temperaturen um Verkohlung der Holzoberfläche mit einer typischen formtechnischen Oberflächenveränderung (blumenkohlartige Musterung der Holzoberfläche) handelt. Dadurch bedingt sind Aussagen/Rückschlüsse zur Intensität und Einwirkungszeit von Hitzeeinwirkungen möglich, gleichfalls die Aussage, ob ein Gegenstand (z.B. Holz) eigenständig gebrannt hat.

Putzabplatzungen treten nur in den Bereichen auf, wo eine intensive Hitzeeinwirkung stattgefunden hat. Dies sind in der Regel die Bereiche, wo es längere Zeit intensiv gebrannt hat. In Abgrenzung dazu schlagen sich Rußniederschläge vorzugsweise in den kälteren Bereichen des durch den Brand betroffenen Raumes nieder. Insbesondere in der Kombination mit Putzabplatzungen gestatten sie somit bei kleineren Bränden durchaus die Lokalisierung der Brandausbruchsstelle. Berücksichtigt werden muss, dass die Rußablagerungen bei sich ausdehnenden größeren Brandereignissen wieder verbrennen können.

Bei kleineren Brandorten gestattet der Brandtrichter vielfach, den Brandausbruchsort exakt bestimmen zu können. Am tiefsten Bereich des Trichters liegt dann der Brandausbruchsort.

Konkreter Beweiswert

Der Brandtrichter gestattet in Verbindung mit weiteren Spuren, wie z.B. in der „Trichterspitze“ befindlichen Elektroinstallationen (so z.B. einer Verteilerdose) sehr konkrete Aussagen zur Brandausbruchsstelle. Häufig lassen sich dann über die konkret zu lokalisierende Brandausbruchsstelle auch deutliche Hinweise auf die Brandursache finden.

Bei Brandzehrungen hängt der konkrete Beweiswert, abgesehen von Aussagen zur Hitzeeinwirkung und ggf. eigenständigem Fortbrennen des betroffenen Stoffes, doch sehr vom konkreten Einzelfall ab. In Verbindung mit weiteren brandtypischen Spurzeichnungen, wie z.B. Rußbeaufschlagungen, Rauchfahnen oder Putzabplatzungen, lassen sich jedoch konkrete Aussagen zur Brandausbreitung und zum Brandverlauf bis hin zur Eingrenzung des Brandausbruchortes treffen.

Spurensicherung

Eine Spurensicherung erfolgt durch eine umfangreiche Fotodokumentation. Hierbei ist es wichtig, die betroffenen Bereiche zunächst im Überblick und anschließend im Detail zu fotografieren. Bedingt durch Rußniederschläge und den Ausfall der Stromversorgung in den durch Brand betroffenen Räumlichkeiten herrschen dort schlechte Lichtverhältnisse. Dies erfordert regelmäßig das Mitführen entsprechender Beleuchtungsmittel (Scheinwerfer) zur Fertigung verwertbarer Fotos.

70 Holzmann, S. 32.

5.2 Brandbeschleunigungsmittel

Begriffsklärung

„Brandbeschleunigungsmittel sind feste oder flüssige Substanzen, die den Abbrand von brennbaren Materialien derart beschleunigen können, dass deren Vollbrand wesentlich schneller erreicht wird als nach direkter Zündung.“ [71]

Häufig wird zu diesem Zweck Vergaserkraftstoff (Benzin) eingesetzt, der einen niedrigen **Flammpunkt** hat [72] und sich ohne Hilfsmittel leicht entzünden lässt. Zudem ist Benzin problemlos und „unverdächtig“ an Tankstellen in den Mengen, die für eine Brandlegung erforderlich sind, zu erwerben. Gleichfalls Verwendung finden gängige Lösungsmittel (z.B. Verdünner), die in Baumärkten beschafft werden können. Bei Brandlegungen an Pkw wird in der letzten Zeit durch die Täter auf Grillanzünder zurückgegriffen. Diese sind in den Filialen der Supermärkte inzwischen ganzjährig zu erwerben.

Abb. 64: Lachen- oder landkartenartige Abbrandspur durch flüssigen Brandbeschleuniger

Abzugrenzen hiervon sind Brandlegungsmittel. „**Brandlegungsmittel** sind feste oder flüssige Substanzen, die zur vorsätzlichen Brandlegung verwendet werden. Mit ihrer Hilfe können auch solche Materialien entzündet werden, die durch Zündmittel (z.B. Zündholz, Feuerzeug) nicht direkt zu zünden sind.“ [73]

71 BKA, Anleitung Tatortarbeit - Spuren, Ziff. 15.

72 Flammpunkt → niedrigste Temperatur bei der noch genügend Dämpfe über der Flüssigkeit entstehen, um diese durch eine Fremdzündquelle zu entzünden.

73 BKA, Anleitung Tatortarbeit - Spuren, Ziff. 15.

Spurenart

Brandbeschleunigungsmittel sind grundsätzlich als Materialspuren anzusehen, denn Ziel der Untersuchung wird die Festlegung der jeweiligen materialtechnischen Zusammensetzung sein.

Bei ausgekippten flüssigen Brandbeschleunigungsmitteln ergeben sich nach deren Abbrand typische lachen- oder landkartenartige Abbrandspuren. Dieses Spurenbild stellt die räumliche Verteilung der ausgekippten Brandbeschleunigungsmittel dar und ist als Situationsspur anzusehen.

Allgemeine Beweiskraft

Bei einer ausreichenden Menge an Untersuchungsmaterial kann im Rahmen einer chemischen Untersuchung die stoffliche Zusammensetzung sowohl flüssiger als auch fester Brandbeschleunigungsmittel analysiert werden. Es lässt sich dann feststellen, welches Mittel zur Brandbeschleunigung verwendet wurde. Diese Aussagen sind als Gruppenbeweis anzusehen.

Konkreter Beweiswert

Der konkrete Beweiswert hängt von den Umständen des Einzelfalls ab. Im Rahmen von Vernehmungen ist zunächst einmal zu klären, ob und wenn ja, welche brennbaren Flüssigkeiten/Feststoffe sich im Brandobjekt wo und in welcher Menge befunden haben.

Wurden am Brandort keinerlei „geeignete" Brandbeschleunigungsmittel gelagert und wurden entsprechende Brandbeschleungigungsmittel dort ausgekippt, insbesondere an mehreren Orten, so liegt mit hoher Wahrscheinlichkeit ein vorsätzliches Inbrandsetzen des Objektes vor.

Spurensicherung

Durch Kräfte des Wachdienstes erfolgt im Rahmen des Sicherungsangriffs die Absperrung und Beschlagnahme des Brandortes. Der Status quo soll unverändert erhalten bleiben. Darüber hinaus treffen sie die ersten Maßnahmen zur Erhebung des subjektiven Tatbefundes. Durch die Kräfte des Auswertungsangriffs (Kriminaldauerdienst oder Tatortdienst der Fachdienststelle) wird der Brandort übernommen und in Augenschein genommen.

Im Rahmen der Tatortbegehung können bereits erste Geruchswahrnehmungen auf den Einsatz von Brandbeschleunigungsmitteln (z.B. Vergaserkraftstoff) hinweisen. Zur Lokalisierung von Stellen, an denen Brandbeschleunigungsmittel ausgekippt worden sind, eignen sich Brandmittelspürhunde. In Nordrhein-Westfalen erfolgt die Anforderung von Brandmittelspürhunden durch die Behörde bei der Landesleitstelle des Landesamtes für Zentrale Polizeiliche Dienste (LZPD) NRW. Gleichfalls vor Ort für eine Spurensuche können Photoionisationsdetektoren eingesetzt werden. Stehen sie der Polizeibehörde nicht zur Verfügung, so kann in Nordrhein-Westfalen in begründeten Fällen eine Anforderung der wissenschaftlichen Mitarbeiter bzw. Sachverständigen des Dezernates 51 (TD 51.3 Brand/Elektrotechnik) des Landeskriminalamtes NRW erfolgen.

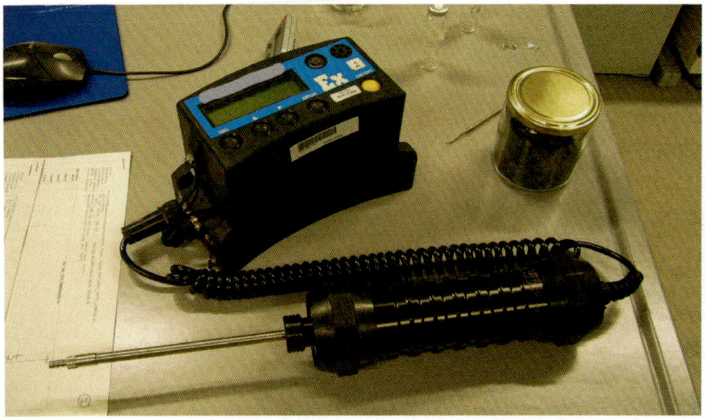

*Abb. 65: Photoionisationsdetektor zur Auffindung von Brandbeschleuniger**

Der Ablauf der Spurensicherung und Untersuchung soll durch das nachfolgende Diagramm am Beispiel des Landes NRW erläutert werden:

Abb. 66: Spurensuche und Spurenuntersuchung bei Bränden

---

* *Abb. 65 wurde mit freundlicher Unterstützung des LKA NRW gefertigt.*

Als Spurenträger kommen aufnahmefähige Materialien in Betracht, z.B.
- Holz im Randbereich von Brandnarben
- Textilien, Schuhe
- Teppichböden
- Gummi
- Fein verteilte Substanzen.“ [74]

Abb. 67: Mehrschichtfolienbeutel

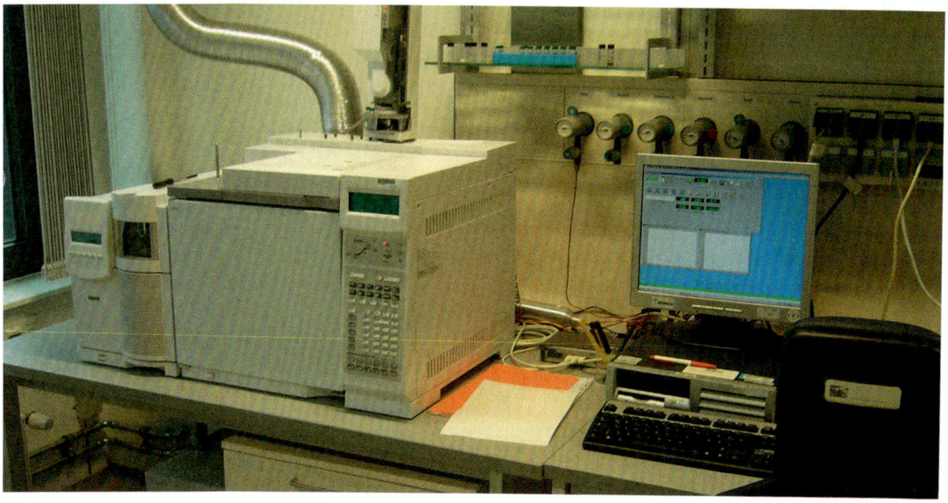

*Abb. 68: Gaschromatograph zur Untersuchung von Brandschuttproben**

* Abb. 68 wurde mit freundlicher Unterstützung des LKA NRW gefertigt.

74 BKA, Anleitung Tatortarbeit - Spuren, Ziff. 15.

Vergleichsmaterial

Bei dem Vergleichsmaterial kann es sich um Reste eines eventuell verwendeten Brandbeschleunigungsmittels handeln oder um ggf. an der Bekleidung von Tatverdächtigen befindliche Brandbeschleunigungsmittel.

„Aufbewahrungs- und Transportbehältnisse für flüssige Brandlegungs-/ Brandbeschleunigungsmittel sind im Original zu sichern und [...] gasdicht zu verpacken.“[75] Bei der Sicherstellung der Behältnisse ist zu berücksichtigen, dass diese Behältnisse grundsätzlich auch Träger weiterer kriminalistisch relevanter Spuren (z.B. Fingerspuren) sein können.

Die Bekleidung tatverdächtiger Personen ist grundsätzlich einzeln in gasdichten Mehrschichtfolienbeuteln zu verpacken und verwechslungssicher zu kennzeichnen. Um eine Spurenkontamination zu verhindern, ist darauf zu achten, dass die Personen bis zum Entkleiden keinen Kontakt mehr mit möglichen Brandbeschleunigungsmitteln haben, und die Entkleidung der Person und die Verpackung der Materialien nur in einem Raum erfolgt, in dem nicht mit Brandschutt oder Brandbeschleunigungsmitteln umgegangen wurde. Sichergestellte Bekleidung ist möglichst noch am selben, spätestens am Folgetag dem Landeskriminalamt (ggf. mittels Sonderkurier) zur Untersuchung zuzuführen.

5. 3 Brandspuren an Personen

Zur Abrundung soll die nachfolgende Kurzübersicht zu brandtypischen Spuren an Personen dienen. Die Hinweise zur Untersuchung sind am Bundesland Nordrhein-Westfalen ausgerichtet.

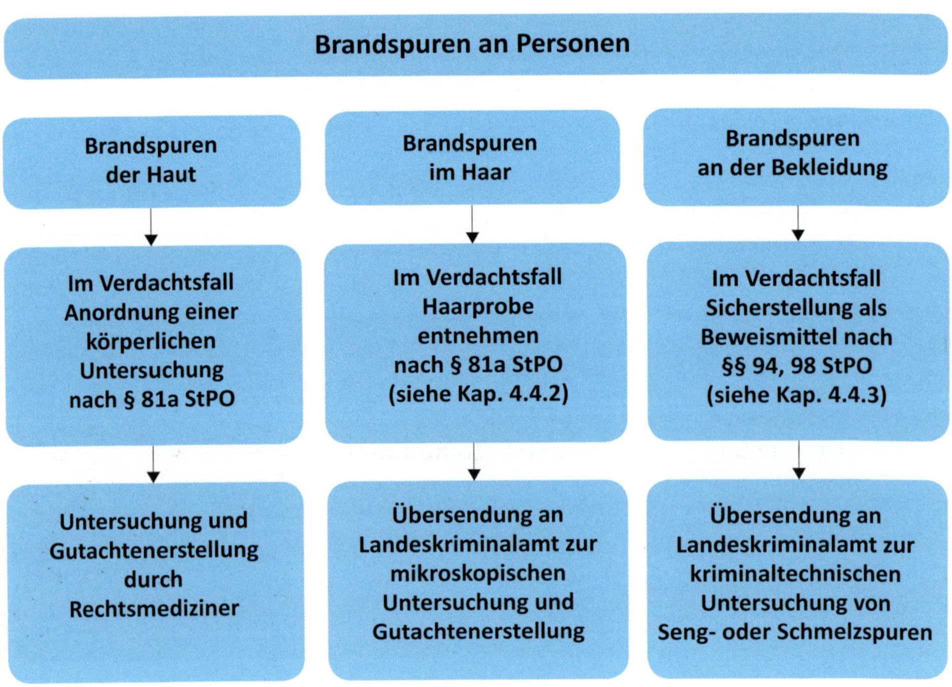

Abb. 69: Kurzübersicht zu Brandspuren an Personen

75 BKA, Anleitung Tatortarbeit - Spuren, Ziff. 15.

6 Anhang

6.1 Beispielschema für Tatortbefundbericht

Tatortbefundbericht[76]

1. **Allgemeines**
   - Eingang der Meldung/Zeitpunkt der Einsatzübernahme
   - Wann am Tatort/Einsatzort eingetroffen?
   - Wer war eingesetzt?
   - Wer wurde vor Ort angetroffen?
   - Witterung

2. **Objektiver Tatbefund**
   - Lage des Einsatzortes
   - Tatortbeschreibung der räumlichen Gegebenheiten (von außen nach innen)
   - Beschreibung eines möglichen Tatopfers/einer Leiche
   - Beschreibung möglicher Tatspuren (Lichtbilder)
   - Ggf. Skizze zur Ergänzung

3. **Subjektiver Tatbefund**
   Aufnahme der Befragungsergebnisse des/der
   - Tatopfer
   - Zeugen
   - möglicher Tatverdächtiger (Belehrung!)
   - unter Voranstellung der jeweiligen Personalien mit
   - Vorname/Nachname
   - Geburtsdatum und Ort
   - aktuelle Wohnanschrift
   - Telefonische Erreichbarkeit (privat und beruflich)
   - verwandtschaftliche oder private Beziehung zum Tatopfer/Tatverdächtigen

4. **Schlussfolgerungen**
   Kurze Zusammenfassung des wesentlichen Ermittlungsergebnisses der subjektiven und objektiven Tatbefunderhebung

5. **Maßnahmen**
   Aufzählung der getroffenen Maßnahmen als Übersicht, insbesondere z.B.
   - Verbleib der Leiche (sichergestellt?/wo?)
   - Verbleib möglicher Asservate
   - Verbleib von Spuren
   - Ggf. vorgeladene Personen (wann/wohin?)
   - Entnahmen von Blutproben und deren Verbleib
   - ....

76 Es gibt in Nordrhein-Westfalen kein zwingend genormtes Schema für einen Tatortbefundbericht, Abweichungen zu anderen verwendeten Schemata sind möglich.

6.2 Lösungsskizze zum Leitsachverhalt

Der erste Teil des Leitsachverhaltes entspricht vom Umfang her einer etwa vierstündigen Klausur im Fach Kriminalistik/Kriminaltechnik. Die Ausführungen sind nicht als Musterlösung anzusehen, sie stellen die wesentlichen Schwerpunkte und Lösungsaspekte aus Sicht der Autoren dar. Sicherlich sind abweichende Lösungen denkbar und begründbar.

Die Fragestellung des Sachverhalts und der Aufbau der Lösungsskizze lehnen sich an das Schema zur kriminalistischen Fallanalyse der Fachhochschule für öffentliche Verwaltung in NRW an.[77]

Der zweite Teil des Sachverhaltes wurde durch die Autoren angefügt, um nahezu alle in dem Buch behandelten wesentlichen Spurenkomplexe unmittelbar anhand eines Sachverhaltes mit Beispielen erläutern zu können. Im Rahmen der Lösungsskizze wird auf diesen zweiten Teil des Beispielsachverhaltes nicht eingegangen.

Aufgabe:
Erläutern Sie im Rahmen der kriminalistischen Fallanalyse jeweils die Tatsituation und die Beweissituation.

2.1 Tatort[78]

Der strafrechtliche Tatort steht fest, er befindet sich in Münster, Marktallee 15f. Der kriminalistische Tatort befindet sich gleichfalls im Hause Marktallee 15f sowie an jedem Ort, wo der Täter vor, während und nach der Tat noch gehandelt hat. Der engere Tatort befindet sich in der Wohnung, das Treppenhaus ist als weiterer Tatort anzusehen. Mögliche Spuren am Sicherungskasten und in der Wohnung Peksoy werden durch die Kräfte des Sicherungsangriffs vor Veränderungen geschützt. Mögliche weitere Spuren außerhalb des Absperrbereichs sind hingegen nicht geschützt. Hinweise auf mögliche Veränderungen am Tatort durch die Geschädigte, den Zeugen Müller und die Einsatzkräfte haben sich bislang nicht ergeben.

Aus dem Sachverhalt ergibt sich, dass durch den Täter am Tatort sowohl das Messer, ein Smartphone, als auch eine Packung Präservative zurückgelassen wurde. Das Tatopfer hat mit der Bekleidung Kontakt zur Jugendliege des Bruders gehabt. Da nach derzeitiger Lage eine Erfolg versprechende Täterbeschreibung durch die Geschädigte nicht möglich sein dürfte, wird eine Täteridentifizierung mit hoher Wahrscheinlichkeit nur über eventuelle Tatortspuren zu erreichen sein.
Auffällig ist die Wahl der Wohnung in der obersten Etage des Mehrfamilienhauses (MFH).

Diese Tatortwahl

- erlaubt in der Regel keinen Einblick von außen in die Wohnung. Da auch für den Täter keinerlei Einsicht von außen in die Tatwohnung bestand, stellt sich die Frage: Wie oder von wo konnte der Täter aufklären, dass sich zur Tatzeit die junge Frau alleine in der Wohnung aufhielt?
- ermöglicht der Geschädigten als einzig möglichen Fluchtweg nur den Wohnungsflur und anschließend das Treppenhaus,

77 Beschluss des Facharbeitskreises Kriminalistik/Kriminaltechnik der FHöV NRW vom 09.02.2010 zum Aufbau der kriminalistische Fallanalyse.
78 Ziffernvergabe orientiert sich an der Nummerierung der „Kriminalistischen Fallanalyse NRW“.

- minimiert das Entdeckungsrisiko des Täters, da in der obersten Etage der geringste Personenverkehr herrscht. Die Tatausführung in der Wohnung setzt das Entdeckungsrisiko des Täters weiter herab (Vermutung: Wohnungstüre zu schließen wurde vom Täter übersehen).

Die Wahl des Tatortes spricht eher für eine überlegte und geplante Tatausführung als für ein Spontandelikt. Aus der Sachverhaltsschilderung ergibt sich, dass der Zutritt zum Hausflur bis ca. 19.00 Uhr problemlos möglich war, da die Haustüre bis zu dieser Zeit nicht verschlossen wird.

2.2 Tatzeit

Die Tatzeit steht fest, sie dürfte unmittelbar vor dem Notrufeingang am 21.12.2014 gegen 18.30 Uhr gelegen haben. Zu diesem Zeitpunkt ist es bereits dunkel, sodass von außen erkennbar ist, wenn in einer Wohnung Licht brennt.

Es liegt die Vermutung nahe, dass der Täter die Tat gezielt während der Dunkelheit begangen hat, da der Modus Operandi das Brennen von Licht in der Wohnung bedingt, ansonsten wäre der Stromausfall in der Wohnung nicht schnell genug aufgefallen. Dies hätte zu einer erhöhten Wartezeit des Täters im Treppenhaus geführt und somit sein Entdeckungsrisiko erhöht.

Eine Tatbegehung während der Abendstunden bringt für den Täter zudem den Vorteil, dass in den Treppenhäusern i.d.R. eine geringere Zahl von Personenbewegungen erfolgt.

Dunkelheit mindert weiter ein eventuelles Entdeckungs- und Identifizierungsrisiko beim Auskundschaften und ggf. Betreten und Verlassen des Objektes/Objektumfeldes.

2.3 Modus Operandi

Aus der Darstellung der allgemeinen Lage geht hervor, dass es in letzter Zeit keine Tatserien und keine Taten mit auffälligem Modus Operandi gegeben hat, die Verknüpfung mit anderen Taten ist auf den ersten Blick daher nicht möglich. Der gewählte Modus Operandi der Tat(-vorbereitung), hier: „Ausschalten des Lichtes“, ist nicht alltäglich. Das spricht für eine gewisse Raffinesse des Täters sowie für eine Aufklärung des Objektes und des Opfers und somit für eine geplante Tatbegehung. Auf eine Tatvorbereitung deutet weiter das Mitführen eines großen Küchenmessers, der Strumpfmaske und eines Hebelwerkzeuges, als nicht üblich mitgeführte Gegenstände, hin.

Die Tatbegehung erfolgte durch sofortige Drohung mit Gewalt bzw. mit Gewaltanwendung in geeigneter Form, um den Widerstand des Opfers zu brechen. Lediglich durch die Gegenwehr des Opfers und das Auftauchen des Zeugen Müller wurde die Tatfortsetzung unterbunden, es lag kein eigenständiger Rücktritt des Täters vor. Auffällig ist, dass es der Täter trotz offensichtlicher Tatvorbereitung versäumte, nach Betreten der Tatwohnung die Wohnungstüre zum Flur zu schließen.

Auch wenn in PP A-Stadt offenbar keinerlei gleich gelagerte Straftaten mit gleichem Modus Operandi begangen wurden, können Zusammenhänge mit anderen Taten eventuell über eine ViCLAS-Meldung [79] durch das LKA NRW hergestellt werden.

79 ViCLAS = Violent Crime Linkage Analysis System, Analyse-System zur Verknüpfung von Sexual- und Tötungsdelikten

2.4 Tatmittel

Der Täter gelangte zu Fuß durchs Treppenhaus zum Tatort. Den weiteren Hin- und Fluchtweg kann der Täter gleichfalls zu Fuß oder mit jedem sonstigen Verkehrsmittel zurückgelegt haben.

Tatmittel zur Gewaltandrohung war das aufgefundene Ausbeinmesser, welches außer dem Herstellernamen, keine besonderen Ermittlungsansätze bietet. Eine Herkunfts- und Verkaufswegefeststellung ist zwar möglich, wird aber bei einem „Allerweltsmesser" wohl kaum zu brauchbaren neuen Ermittlungsansätzen führen. An dem Messer können jedoch Fingerspuren und Blutanhaftungen des Täters erwartet werden (→ Individualbeweis).

Nach der vorgefundenen Spurenlage dürfte zum Aufhebeln des Sicherungskastens ein Hebelwerkzeug mit ca. 10 mm Klingenbreite benutzt worden sein. Üblicherweise wird hier ein Schraubendreher eingesetzt. Das Tatwerkzeug liegt bislang nicht vor, kann bei Auffindung aber individuell der Tatortspur zugeordnet oder als Tatwerkzeug ausgeschlossen werden.

Die sichergestellten Präservative tragen eine Preisauszeichnung der Kanal-Apotheke. Hier können eventuell weitere Ermittlungsansätze erlangt werden. Weiter sind an der Packung Fingerspuren (→ Individualbeweis) zu erwarten.

Zur Skimaske ergeben sich zurzeit keine weiterführenden Ermittlungsansätze, da sie bislang noch nicht sichergestellt werden konnte. Ansätze können sich allenfalls ergeben, wenn die Mütze auffällige Details aufweist und von der Zeugin eingehend beschrieben werden kann. [80]

2.5 Motivlage

Nach derzeitiger Erkenntnislage wollte der Täter mit der Geschädigten unter Gewaltanwendung bzw. Drohung mit Gewalt den Geschlechtsverkehr vollziehen. Eindeutig lässt sich das Tatmotiv ohne eine Aussage des Täters kaum belastbar begründen.

Nach neuerer kriminologischer Forschung handelt es sich bei sexuellen Gewaltdelikten nicht um Taten zur Befriedigung eines krankhaften Sexualtriebes, sondern i.d.R. um ein Macht- und Unterwerfungsdelikt. Dem Täter geht es hauptsächlich darum, durch den gewaltsamen Geschlechtsverkehr das Opfer zu unterwerfen und zu erniedrigen, um dadurch seine Machtgelüste zu befriedigen.

Da die Geschädigte zu ihren persönlichen Lebensumständen noch nicht befragt wurde und auch noch nicht geklärt ist, ob eine Beziehung zur Familie des Opfers besteht, kann eine Tatbegehung als „Rache" nicht völlig ausgeschlossen werden.

Eine Vortäuschung der Tat scheidet nach jetzigem Erkenntnisstand aus. Die Lage der Spuren am Tatort (→ Situationsspuren) und die Erstaussage der Geschädigten stimmen grobsichtig überein. Erfahrungsgemäß sind zudem sexuelle Gewaltdelikte, die unmittelbar nach der Tat von den Geschädigten angezeigt wurden, selten vorgetäuscht. Weiterhin werden die Angaben des Tatopfers von dem Zeugen Müller bestätigt.

80 Die Lage des Handys am Tatort unter der Jugendliege spricht für einen unbeabsichtigten Verlust des Gerätes während des Tatgeschehens durch den Täter. Hierzu kann auch eine gegenteilige Auffassung vertreten werden, dann wären zu dem Smartphone als mögliches Tatmittel gleichfalls Ausführungen erforderlich.

2.6 Opfer

Das Tatopfer ist bekannt, es handelt sich um die 20-jährige Bankkauffrau Jale Peksoy. Momentan bewohnt sie die elterliche Wohnung alleine. Ihre Arbeitsstelle liegt ca. 1 000 m von der elterlichen Wohnung entfernt. Das Opfer hält sich zurzeit für die Polizei jederzeit erreichbar bei dem Nachbarn Herrn Müller auf. Das Opfer wurde durch den Angriff offenbar verletzt und bedarf in absehbarer Zeit ärztlicher Hilfe.

Die Tat gelangte durch die erfolgreiche Gegenwehr des Opfers und die Hilferufe nicht zur Vollendung.

Über eine mögliche Täter-Opfer-Vorbeziehung liegen derzeit keine Erkenntnisse vor. Eine engere Täter-Opfer-Vorbeziehung dürfte auszuschließen sein, sonst hätte die Geschädigte den Täter sicherlich an der Stimme erkannt. Bei sexuellen Gewaltdelikten wird jedoch das Opfer häufig vom Täter zuvor „aufgeklärt".

Die Geschädigte ist offenbar auch unter dem Eindruck der Tat in der Lage, Angaben zum Tatgeschehen und zur Beschreibung des Täters zu machen. Durch die Tat und deren besondere Umstände dürfte das Sicherheitsgefühl der Geschädigten in der Wohnung erheblich beeinträchtigt sein, durch den Tatablauf könnte die Geschädigte geschockt/traumatisiert sein.

2.7 Tatverdächtiger

Bislang besteht kein konkreter Tatverdacht gegen eine bestimmte Person. Zur Person des Täters ist bislang folgende Beschreibung bekannt:

- männliche Person,
- ggf. mit mangelhaften deutschen Sprachkenntnissen (sprach gebrochen deutsch/ vorgetäuschte schlechte Sprachbeherrschung?),
- dunkle Bekleidung.

Die Art und Weise der Tatausführung zeigt ein erhebliches Gewaltpotenzial des Täters. Ein eigenständiger Tatrücktritt des Täters lag nicht vor, lediglich das Auftauchen des Zeugen Müller und die Gegenwehr der Geschädigten verhinderten die Tatfortsetzung.

Der Täter ging offenbar geplant vor, bestimmte Kenntnisse zur Person und der aktuellen Lebenssituation des Opfers dürften ihm bekannt gewesen sein. Diese Erkenntnisse könnte der Täter erlangt haben über:

- gezieltes Auskundschaften des Opfers
- Erkenntnisse wurden über bislang nicht bekannte Beziehung zum Opfer so bekannt.

Ermittlungsansätze zur Identifizierung des Täters können sich nach derzeitiger Sachverhaltslage nur durch die konsequente Sicherung und Auswertung sämtlicher Tatortspuren ergeben. Da der Täter maskiert war, dürfte die Geschädigte ihn im Rahmen einer visuellen Wahlgegenüberstellung vermutlich nicht wiedererkennen.

3 Beweissituation

3.1 Personalbeweis

Im vorliegenden Sachverhalt kommen bislang als Zeugen folgende Personen in Betracht:

- Geschädigte Jale Peksoy.
- Wohnungsnachbar Egon Müller.
- Eingesetzte Polizeibeamte des Wachdienstes und der Kriminalwache.
- Arzt, der die Verletzungen der Geschädigten behandelt hat.
- Arzt, der die Verletzung der Geschädigten als Gutachter untersucht hat.
- Ggf. Mitarbeiter der Kanal-Apotheke.

Die Zeugin Jale Peksoy steht der Polizei für weitere Ermittlungen vor Ort zur Verfügung. Als Zeugin steht ihr ein Zeugnisverweigerungs- und Auskunftsverweigerungsrecht nach §§ 52 und 55 StPO zu. Gründe, die für eine berechtigte Inanspruchnahme des Zeugnisverweigerungs- oder Auskunftsverweigerungsrechtes sprechen, sind derzeit nicht erkennbar. Hinweise, die Zweifel an der Glaubwürdigkeit der Zeugin aufkommen lassen, gehen aus dem Sachverhalt nicht hervor, die Situation des Tatortes stimmt grobsichtig mit den Zeugenaussagen überein. Gleichfalls sind keinerlei Hinweise auf eine Einschränkung der Wahrnehmungsfähigkeit erkennbar. Weiter ergeben sich keinerlei Hinweise aus dem Sachverhalt, dass kriminalpolizeiliche Erkenntnisse über die Geschädigte vorliegen.

Durch Frau Peksoy sind u.a. Aussagen zu folgenden Punkten möglich/zu erwarten:

- Beschreibung des Täters.
- Sprache und Wortwahl des Täters.
- Art und Weise der Drohung/Bedrohung durch den Täter/Wortlaut der Drohung.
- Ablauf der versuchten Entkleidung/Vergewaltigung.
- Was hat der Täter alles angefasst?
- Herkunft des Smartphones und der Präsevative.
- Wo hat genau ein Bekleidungskontakt zwischen beiden Personen stattgefunden?
- Bekleidungskontakt des Täter mit/zur Jugendliege.
- Nähere Umstände des Eingreifens von Herrn Müller.
- Fluchtverhalten des Täters.
- Vorgenommene Veränderungen am Tatort, falls ja, welche?

In Nordrhein-Westfalen ist zudem bei der Geschädigten folgende Erlasslage[81] zu beachten:

- Soweit möglich ist der Geschädigten ein Wahlrecht einzuräumen, ob sie lieber von einer Frau oder einem Mann vernommen werden möchte.
- Die erste Vernehmung durch nicht spezialisierte Vernehmungskräfte ist auf das unumgängliche Informationsmaß zur Durchführung des Ersten Angriffs zu beschränken.

81 „Bearbeitung von Straftaten gegen die sexuelle Selbstbestimmung", RdErl. des IM NRW vom 03.02.2004 - 42-6503 (MBl. NRW. S. 229).

- Die Vernehmung der Geschädigten ist so vorzubereiten und durchzuführen, dass nach Möglichkeit nur eine einmalige Vernehmung erforderlich ist.
- Die Geschädigte soll auf die Möglichkeit hingewiesen werden, eine Vertrauensperson zu benachrichtigen oder hinzuziehen, sofern diese Person nicht an dem Verfahren beteiligt ist.

Gleichfalls befindet sich der Zeuge Müller noch vor Ort. Seine Personalien wurden sicherlich von den Kräften des Sicherungsangriffs festgestellt. Da er in Münster wohnhaft ist, wird er auch für weitere polizeiliche Ermittlung erreichbar sein. Als Zeuge steht ihm eine Zeugnisverweigerungs- und Auskunftsverweigerungsrecht nach §§ 52 und 55 StPO zu. Gründe, die für eine berechtigte Inanspruchnahme des Zeugnisverweigerungs- oder Auskunftsverweigerungsrechtes sprechen, sind derzeit nicht erkennbar. Hinweise, die Zweifel an der Glaubwürdigkeit des Zeugen aufkommen lassen, gehen aus dem Sachverhalt nicht hervor, die Situation des Tatortes stimmt grobsichtig mit den Zeugenaussagen überein. Weiterhin sind keinerlei Hinweise auf eine Einschränkung der Wahrnehmungsfähigkeit erkennbar.

Aussagen von Herrn Müller sind u.a. möglich zu:

- Wie wurde er auf die Tat aufmerksam?
- Beschreibung des Täters.
- Nähere Umstände seines Eingreifens.
- Fluchtverhalten des Täters?
- Was hat ihm Frau Peksoy über den Tatablauf bis zum Eintreffen der Polizei erzählt?
- Wurden durch Herrn Müller Veränderungen am Tatort vorgenommen, falls ja, welche Veränderungen?
- ...

Weiter können Angaben von den eingesetzten Polizeibeamten des Wachdienstes, der Kriminalwache und des später tätigen Kriminalkommissariates 12 erlangt werden, so u.a. zu:

- veranlassten Maßnahmen,
- erlangten Aussagen der Zeugen,
- Feststellungen im Rahmen der Ermittlungen,
- gesicherten Spuren und Asservaten sowie deren Verbleib.
- ...

Die Verletzung am Hals von Frau Peksoy ist ärztlich zu versorgen. Der behandelnde Arzt kann Aussagen über den Umfang und das Ausmaß der Verletzung sowie deren vermutliche Herkunft machen. Da der Arzt hierbei im Rahmen der kurativen Heilbehandlung tätig wird, unterliegen seine, im Rahmen der Behandlung erlangten, Erkenntnisse der ärztlichen Schweigepflicht. Nach § 53 StPO ist er zur Verweigerung der Aussage über dieses Berufsgeheimnis befugt. Eine Belehrungspflicht gegenüber dem Arzt besteht jedoch nicht, da § 53 StPO nicht in § 163 Abs. 3 StPO zitiert ist. Für eine Aussage des behandelnden Arztes ist die Entbindung von der ärztlichen Schweigepflicht durch die Geschädigte erforderlich. Bei erfolgter Entbindung von der Schweigepflicht muss der Arzt über seine Erkenntnisse aussagen.

Wird durch die Behörde ein Arzt als Gutachter für eine körperliche Untersuchung der Geschädigten nach § 81c StPO bestellt, so können durch diesen sicherlich Aussagen über Alter, Umfang, Art und Schwere der Verletzung gemacht werden. Der Gutachter ist uneingeschränkt auskunfts- und aussagepflichtig, da er im behördlichen Auftrag handelt und kein Arzt-Patienten-Verhältnis besteht. Der behandelnde Arzt scheidet daher als Gutachter aus.

Weitere Zeugen können eventuell durch Ermittlungen in der Kanal-Apotheke festgestellt werden. Am Tatort wurde ein Päckchen originalverpackter Präservative mit einem Preisaufkleber der Kanal-Apotheke gefunden. Ggf. können hier weitere Angaben über Käufer/einen Käufer von Präservativen in den letzten Tagen vor der Tat bzw. am Tattag sowie eine entsprechende Personenbeschreibung erlangt werden. Bei den Präservativen handelt es sich um einen sog. „Freiverkaufsartikel", der beim isolierten Erwerb (ohne das nebenbei noch Arzneimittel gekauft wurden) nicht unter die berufsbedingte Schweigepflicht des Apothekers bzw. seiner Berufshelfer fällt. Somit würde hier auch §§ 53/53a StPO nicht zum Tragen kommen.

Weitere Zeugen können sich bei einer Nachbarschaftsbefragung von Hausbewohnern und bei Einwohnern in den umliegenden Häusern und bei der Befragung von Arbeitskollegen(-innen) ergeben.[82]

3.2 Sachbeweis

Grundsätzlich stellt sich zunächst sowohl die Gesamtspurenlage am Tatort als auch die Lage der einzelnen Spuren als Situationsspur dar. Diese Spurenlage erlaubt eine grobe gedankliche Rekonstruktion des Tatgeschehens. Weiter ist ein grober Abgleich der Zeugenaussagen mit der Tatsituation und somit eine erste Bewertung zur Glaubwürdigkeit der erlangten Aussagen möglich.

Einen wesentlichen Spurenkomplex stellt das Ausbeinmesser als Tatmittel dar. Die Lage des am Tatort gefundenen Messers ist zunächst einmal als Situationsspur anzusehen. Aus der Lage des Messers, in Kombination mit der Zeugenaussage der Geschädigten, können Rückschlüsse auf das Tatgeschehen gezogen werden.

Das am Tatort aufgefundene Messer ist als Gegenstandsspur anzusehen. Auf der Klinge des Messers sind sowohl der Herstellungsort als auch der Name der Herstellungsfirma vermerkt. Je nach individuellem Verbreitungsgrad des Messers ist eine Verkaufswegfeststellung oder Herkunftsermittlung möglich. Grundsätzlich wäre hier zwar eine Anfrage beim Hersteller des Gegenstandes möglich, jedoch scheint es sich um einen Massenartikel zu handeln. Das Ergebnis der Anfrage dürfte nicht zu einem wesentlichen Ermittlungsfortschritt führen.

Die an dem Messer befindlichen Blutanhaftungen sind als Materialspuren anzusehen, es handelt sich hierbei um eine Substanzübertragung, die kriminalistische Schlüsse zulässt. Da die Geschädigte keinerlei blutende Verletzung erlitten hat, dürfte es sich um Blut des Täters handeln. Die Blutanhaftung kann, was ihre äußere Form betrifft, auch als Formspur besonderer Art angesehen werden. Die Form der Blutspur gestattet je nach ihrer Ausgestaltung einen Rückschluss auf die Art und Weise der Spurenentstehung, bzw. der Übertragung auf den Spurenträger. Die Blutspur am Messer stellt hinsichtlich ihrer Lage und Ausgestaltung letztendlich wiederum auch eine Situationsspur da. Blut gestattet neben wei-

82 Ausführungen zum Täter sind hier nicht zu machen, da dessen Ermittlung z.Z. noch nicht absehbar oder gesichert ist.

teren Auswertungen auch die Untersuchung hinsichtlich der DNA des Spurenlegers. Die DNA eines Menschen wird (bis auf eineiige Zwillinge) als einmalig angesehen, es handelt sich um einen Individualbeweis. Bei der Zuordnung der Blutspur zur verursachenden Person kann zweifelsfrei nachgewiesen werden, von welcher Person das Blut stammt. Im vorliegenden Fall könnte die DNA mit dem Datenbestand der DAD abgeglichen und ggf. als ungeklärte Tatortspur eingestellt werden.

An dem am Tatort zurückgelassenen Messer können Fingerspuren des Täters erwartet werden. Die Fingerspuren an dem Messer stellen sich hinsichtlich ihrer Lage und Verteilung als Situationsspuren dar. Fingerspuren entstehen durch die Übertragung von Hautausscheidungen auf die Oberfläche des Spurenträgers, hier auf die Messeroberfläche/den Messergriff. Sie stellen eine Formspur da, die als Abdruckspur klassifiziert werden kann. Fingerspuren gestatten die Individualidentifizierung des Spurenverursachers, da Fingerabdrücke absolut einmalig sind. Es gibt keine absolute Übereinstimmung der Papillarleistenverläufe von zwei Menschen oder bei einzelnen Fingern einer Person. Gesicherte Fingerspuren an dem Messer können durch das LKA NRW mit dem AFIS-Datenbestand abgeglichen werden und ggf. als ungeklärte Tatortspur eingestellt werden.

Anhand der Aussagen von Frau Peksoy und Herrn Müller ist belegbar, dass es sich bei dem Messer offensichtlich um die Tatwaffe handelt. Sollte eine spurverursachende Person ermittelt werden, so könnte anhand der Fingerspuren nachgewiesen werden, dass diese Person die Tatwaffe in der Hand hatte. Stimmt zudem die DNA der Person mit der am Messer gesicherten DNA überein, so wäre weiter zu beweisen, dass sich die Person zum tatrelevanten Zeitraum an der Waffe verletzt hätte. Die Person ist dann als Beschuldigter anzusehen und dürfte anhand dieser Spurenkombination als überführt bzw. dringend tatverdächtig gelten.

Einen weiteren Spurenkomplex stellt das unter der Jugendliege aufgefundene Smartphone dar. Bei dem Smartphone selbst handelt es sich um eine Gegenstandsspur. Bedingt durch die Herstelleraufschrift (HTC) als auch durch die (mögliche) Typenangabe kann hier von einem Gruppenbeweis gesprochen werden. Durch die IMEI-Nummer oder einen entsprechenden Aufkleber im Geräteinneren mit der Gerätenummer kann eine individuelle Zuordnung des Gerätes erfolgen.

Die Lage des Gerätes bei der Auffindung sowie der Betriebszustand des Gerätes selbst sind als Situationsspur anzusehen. Die Lage des Gerätes am Tatort unter der Jugendliege spricht für einen unbeabsichtigten Verlust des Gerätes während des Tatgeschehens durch den Täter.

Auf dem Gehäuse des Smart-Phones sowie auf der SIM-Karte und dem Akku könnten sich Fingerspuren des möglichen Täters befinden. Diese sind als Formspur zu klassifizieren, bezüglich ihrer Lage sind sie als Situationsspur zu bewerten. Sie gestatten die sichere Identifizierung des Spurenverursachers, da Fingerabdrücke absolut einmalig sind (→ Individualbeweis). Die Fingerspuren können mit dem AFIS-Datenbestand des BKA abgeglichen werden bzw. als ungeklärte Tatortspur eingestellt werden. Bei Auffindung und Zuordnung entsprechender Fingerspuren kann der Person zweifelsfrei der Kontakt zum aufgefundenen Smartphone zugeordnet werden. Sollte das Smartphone nicht in der Sachfahndung (IMEI-Nummer des Gerätes) als entwendet ausgeschrieben sein, ist davon auszugehen, dass es sich um ein Gerät aus dem Besitz des Täters handelt. Gegen die identifizierte Person wäre in diesem Fall mindestens ein Anfangsverdacht begründbar, sie hätte die verfahrensrechtliche Stellung eines Beschuldigten.

Gegebenenfalls können an dem Smartphone auch körperzellenhaltige Spuren gesichert werden, diese sind als Materialspuren anzusehen. Körperzellenhaltiges Spurenmaterial kann – ausgenommen bei eineiigen Mehrlingen – individuell der spurverursachenden Person zugeordnet werden. Sollte das Gerät wie zuvor nicht ausgeschrieben sein, ist auch hier gegen die identifizierte Person ein Anfangsverdacht begründbar, die Person wäre als Beschuldigter anzusehen.

Durch Auswerten des Gerätes können eine Vielzahl digitaler Spuren, d.h. in binärer Form gespeicherte Informationen, erlangt werden. Neben der IMEI-Nummer (s.o.) kann auch die auf der SIM-Karte gespeicherte Telefonnummer festgestellt werden. Über die Telefonnummer kann der Provider und der Vertragsinhaber festgestellt werden. Sollte das Gerät nicht in der Sachfahndung einliegen und ein Vertragsinhaber wird festgestellt, dann ist mit hoher Wahrscheinlichkeit davon auszugehen, dass der Vertragsinhaber das Gerät während der Tatbegehung verloren hat. Darüber lässt sich zumindest ein Anfangsverdacht gegen den Vertragsinhaber begründen, die Person ist als Beschuldigter anzusehen.

Auf dem Handy bzw. auf der eingelegten Speicherkarte können eine Vielzahl unterschiedlicher Daten gespeichert sein. Dies hängt davon ab, in welchem Umfang das Smartphone von seinem Besitzer genutzt wurde bzw. welche Kenntnisse und Fertigkeiten er in der Nutzung des Gerätes hat. Möglich sind u.a. folgende Informationen:

- Aus dem Adressbuch: Namen, Anschriften, Telefonnummern, Mailanschriften und ggf. weitere Informationen zur jeweiligen Person. Sollte es sich hierbei um das „legale“ Handy des Beschuldigten handeln, so könnte durch die Auswertung des Adressbuches der Bekanntenkreis des Beschuldigten aufgeklärt werden. Entsprechende Personaldaten und Rufnummern könnten zunächst in polizeilichen Datensystemen (so z.B. FINDUS) überprüft und in weitere Beziehungen (zu anderen Personen oder polizeilich relevanten Sachverhalten) gesetzt werden.
- Liste der eingehenden und ausgehenden Anrufe mit gewählten Rufnummern und Zeitpunkt der Gespräche. Selbst wenn es sich nicht um das „legale“ Handy des Täters handelt, ist es polizeilich von Interesse, welche Anrufe seit dem Zeitpunkt der Entwendung des Gerätes auf dem Handy eingegangen oder durch den Täter geführt worden sind. Entsprechende Rufnummern können in polizeilichen Datensystemen überprüft werden und der Anschlussinhaber kann über den entsprechenden Provider ermittelt werden.
- Liste der eingehenden und ausgehenden SMS / MMS mit gewählten Rufnummern und Zeitpunkt des Eingangs bzw. der Versendung sowie Inhalt der SMS bzw. MMS und anderer Nachrichtendienste (WhatsApp, Facbook etc.). Auch hier kann der Anschlussinhaber über den Provider ermittelt werden bzw. können die Daten in polizeilichen Datensystemen überprüft werden. Sollte die Option des „Dauerhaft-angemeldet-Bleibens“ in bestimmten Apps bzw. auf bestimmten Webseiten genutzt worden sein, so ermöglicht dies den Zugriff auf entsprechende weitere Daten (bspw. Facebook-Profile).
- Dateien aus Cloud-Diensten (Google Drive, Dropbox, OneDrive etc.).
- Gespeicherte Bilder bzw. Videos mit Zeitpunkt der Aufnahme (abhängig von korrekter Datums- und Uhrzeiteinstellung des Handys). Hierbei lässt sich nachvollziehen, ob sich ggf. auf dem Handy Bilder/Videos von einer möglichen

Aufklärung des Tatortumfeldes oder der Geschädigten befinden. Möglicherweise befinden sich hier auch Aufnahmen bezogen auf weitere zukünftig geplante Taten oder früher begangene Taten.

- Eventuell befinden sich auf dem Handy auch „Selfies" des Beschuldigten. In diesem Fall besteht dann die Möglichkeit das Bild im Rahmen einer GES-Recherche[83] mit einer zurzeit ca. 3 Mio. Lichtbilder umfassenden Referenzdatenbank des BKA abzugleichen (entsprechende Lichtbilder werden automatisch aus dem E-Gruppenbestand in die Referenzdatenbank übernommen).
- Über den Browserverlauf lässt sich nachvollziehen, welche Internetseiten (URLs) mit dem Handy geöffnet wurden. Eventuell können hier weitere Hinweise auf bereits begangene Taten bzw. weitere Tatorte oder Opfer erlangt werden.
- Weiterhin können sich auf dem Handy auch Sprachaufzeichnungen befinden.
- Insofern der GPS-Dienst von Google (oder einem alternativen Anbieter) genutzt wurde, können einzelne Standorte mitsamt einem Zeitstempel mithilfe des Google-Standortverlaufs (https://maps.google.com/locationhistory/b/0) nachvollzogen werden.
- Möglich ist auch eine Funkzellenanalyse nach § 100g StPO[84].

Die geöffnete Tür des Sicherungskastens und die Stellung der Sicherungen sind als Situationsspuren anzusehen. Sie gestatten Rückschlüsse auf das Tatgeschehen. Am Sicherungskasten ist mit Fingerspuren des Täters zu rechnen. Hierbei handelt es sich um Form- und Abdruckspuren mit individuellem Beweiswert. Anhand der Fingerabdrücke kann bewiesen werden, welche Person den Sicherungskasten angefasst und ggf. Sicherungen geschaltet hat. Der Sicherungskasten liegt außerhalb der Wohnung und ist vom Treppenhaus aus frei zugänglich. Da eine Altersbestimmung von Fingerspuren nicht möglich ist und Sicherungskästen (zumindest innen) kaum gereinigt werden, können die Spuren zu jedem früheren Zeitpunkt entstanden sein. An der Kastenaußenseite gefundene Spuren können Spuren einer Vielzahl berechtigter Nutzer des Treppenhauses sein. Das Gleiche gilt für Fingerspuren an der Außenseite der Wohnungstüre. Spuren im Inneren des Kastens dürften in der Zahl geringer sein, könnten jedoch auch von berechtigten Personen stammen. Sollte hier die Täterspur gefunden werden, so dürfte für ihn ein legaler Zugang zum Inneren des Kastens jedoch kaum begründbar sein.

Weitere Fingerspuren sowie Ohrabdruckspuren können an der Wohnungseingangstüre der Wohnung Peksoy erwartet werden. Bei Ohrabdruckspuren handelt es sich um eine Form- und Abdruckspur. Sie entsteht durch die Übertragung von Körperausscheidungen auf das Türblatt. Ohrabdruckspuren sind als individuell anzusehen. Anhand einer solchen Spur kann jedoch nur der Aufenthalt vor der Tatwohnungstüre und das Lauschen an der Türe, die Tat jedoch nicht bewiesen werden. Anhand der Höhe gefundener Ohrabdruckspuren kann auf die grobe Größe des Täters geschlossen werden.

83 GES = Gesichtserkennungssystem.

84 § 100g StPO setzt eine Straftat von erheblicher Bedeutung, insbesondere eine Katalogtat nach § 100a Abs. 2 StPO, voraus. Die Verweisung auf § 100a Abs. 2 StPO ist nicht abschließend. Es muss sich mindestens um eine Straftat mittlerer Kriminalität handeln, der im Einzelfall aufgrund des besonders geschützten Rechtsgutes oder des besonderen öffentlichen Interesses an der Verfolgung erhebliche Bedeutung zukommen kann (Meyer-Goßner/Schmitt, § 100g Rz. 13). Die vorliegende versuchte Vergewaltigung ist als Straftat von erheblicher Bedeutung im Sinne des § 100g StPO anzusehen.

Weiter weist der Sicherungskasten aus Stahlblech mehrere flach ausgeprägte Hebelmarken von ca. 10 mm Breite auf, die von einem Schraubendreher stammen könnten. Diese Hebelmarken sind Formspuren (Eindruckspuren). Bezüglich der Breite und der Grundform sind diese Spuren als Gruppenbeweis anzusehen, sie lassen sich einer Gruppe spurverursachender Werkzeuge (z.B. Schraubendreher ca. 10 mm breit) zuordnen. Bedingt durch fertigungstechnische Prozesse kommt es zu mikroskopisch individuellen Gestaltungen der Werkzeugoberflächen. Das verursachte Spurenbild ist bei optimaler Abformung individuell zuordnungsfähig. Ein gezielter Abgleich mit einem möglichen sichergestellten Tatwerkzeug oder mit weiteren möglichen Tatortspuren ist beim Landeskriminalamt NRW möglich.

Einen weiteren Spurenkomplex stellt die auf dem Boden des Tatzimmers gefundene Packung Präservative dar. Die originalverpackten Präservative sind eine Gegenstandsspur und erlauben über den Verkaufsaufkleber der Kanal-Apotheke eine Verkaufswegfeststellung. An der glatten Oberfläche der Verpackung können sich zudem Fingerspuren befinden. Diese sind somit Abdruck- und Formspuren mit individuellem Beweiswert. Durch die Aussage der Geschädigten ist gesichert, dass die Präservative aus dem Besitz des unbekannten Täters stammen. Sollten Fingerspuren auf der Packung einer Person zugeordnet werden, so kann bewiesen werden, dass sie die Präservative angefasst hat, die am Tatort zurückgelassen wurden. Die Person wäre in diesem Fall als überführt anzusehen.

Der eingerissene Slip auf dem Boden des Tatzimmers ist grundsätzlich als Gegenstandsspur anzusehen. Dessen Herkunft kann natürlich ermittelt werden und dürfte über eine Vernehmung der Geschädigten mit hoher Wahrscheinlichkeit ihr zugeordnet werden können. Das Material des Slips ist laut Sachverhalt am rechtsseitigen Beinausschnitt „eingerissen“. Die Durchtrennung von Fasern durch mechanische Überbeanspruchung (Zerreißen) ergibt ein völlig anderes Spurenbild als die Durchtrennung der Fasern mittels Schneidwerkzeug. Im Rahmen einer kriminaltechnischen Untersuchung lässt sich die jeweilige Durchtrennungsart der Textilfasern feststellen. Wird ein Zerreißen der Fasern festgestellt, so würde dies die Glaubwürdigkeit der Erstaussage der Geschädigten stützen.

Unterstellt werden kann, dass sich die Geschädigte gegen die versuchte Vergewaltigung massiv gewehrt hat. Auch wenn dies durch eine genaue Vernehmung der Geschädigten noch weiter abgeklärt werden muss, so kann davon ausgegangen werden, dass sich im „Fingernagelschmutz“ der Geschädigten DNA-haltiges Material des Täters befinden müsste. Hierbei handelt es sich um eine Materialspur, eventuell enthaltene DNA kann zweifelsfrei der spurverursachenden Person zugeordnet werden. Anhand dieser Spur kann definitiv ein enger körperlicher Kontakt zwischen dem Täter und der Geschädigten nachgewiesen werden. Die zeitliche Eingrenzung des Kontaktes hängt vom Reinigungsverhalten der Hände der Geschädigten ab. Entsprechende DNA kann entweder direkt mit der DNA eines ermittelten Beschuldigten oder der DAD abgeglichen bzw. in die DAD eingestellt werden. Kann die DNA einer Person zugeordnet werden, die keinen legalen persönlichen Kontakt zur Geschädigten hatte, ist die Person als Beschuldigter anzusehen und dürfte anhand dieser Spur als überführt bzw. dringend tatverdächtig gelten.

Im vorliegenden Sachverhalt hat es intensive körperliche Kontakte zwischen dem Täter und der Geschädigten mit entsprechender Faserspurenübertragung gegeben. Gleichfalls müssten Faserspuren der Täterbekleidung an der Liege im

Jugendzimmer zu finden sein. Bei Faserspuren handelt es sich um Materialspuren. Bedingt durch die unterschiedliche Zusammenstellung der Bekleidung sowie der daran befindlichen Fasern aus dem allgemeinen Lebensumfeld der Person, stellen die Faserspuren zunächst grundsätzlich einen Gruppenbeweis dar, vielfach ist jedoch ein individueller Beweiswert gegeben (Faserspurenkollektiv). Im Falle der Ermittlung eines möglichen Täters kann hier ein Abgleich mit Bekleidung, die von dieser Person benutzt wird, durchgeführt werden.

Die Hautabschürfungen und Einblutungen in die Haut am Halsbereich der Geschädigten (Würgemale) stellen sich hinsichtlich ihrer Lage als Situationsspuren dar, hinsichtlich ihrer Form und Ausprägung auch als Formspuren (z.B. übliche halbmondförmige Abdrücke des Daumennagels im Kehlkopfbereich). Die Ausgestaltung des Spurenbildes gestattet u.a. die Klassifizierung der Verletzung als Würgemale sowie Aussagen zum Umfang der Gewaltanwendung und dem Alter der Verletzung. Die Beurteilung der Verletzung sollte durch einen Rechtsmediziner im Rahmen einer körperlichen Untersuchung nach § 81c StPO erfolgen. Da nach derzeitiger Erkenntnislage der Täter offenbar nicht aus dem direkten persönlichen und verwandtschaftlichen Umfeld stammt, ist z.Z. ein Untersuchungsverweigerungsrecht der Geschädigten nach § 81c Abs. 3 StPO nicht zu erkennen.[85]

Aufgabe:
Erläutern Sie, welche Ermittlungsmaßnahmen im Rahmen des Auswertungsangriffs durch die Kriminalwache zu treffen bzw. zu veranlassen sind.

Ansatzpunkt für die weiteren Maßnahmen ist die Schnittstelle der Tatortübernahme zwischen den Kräften des Auswertungsangriffs (Kriminalwache) und den Kräften des Sicherungsangriffs (Wachdienst).

Zunächst ist durch den Leiter des Auswertungsangriffs Verbindung zu den Kräften des Wachdienstes aufzunehmen. Der Tatort ist gemeinsam mit dem Leiter des Sicherungsangriffs in Augenschein zu nehmen um einen Überblick über den Tatort, das Tatgeschehen und die Beweislage zu erlangen. Die Tatortabsperrung ist zunächst aufrechtzuerhalten, die Absperrlinie ist zu überprüfen und ggf. anzupassen. Bislang getroffene Fahndungsmaßnahmen sind zu überprüfen und der jeweils neuen Erkenntnislage permanent anzupassen. Bislang gesicherte Asservate sind vom Sicherungsangriff zu übernehmen, die Kräfte des Sicherungsangriffs sind um die Fertigung eines Berichtes zu den bisher getroffenen Feststellungen und den bislang veranlassten Maßnahmen zu bitten. Der Tatort ist zu übernehmen.

Sofern noch nicht geschehen oder veranlasst, ist – falls erforderlich – eine ärztliche Versorgung der Geschädigten zu veranlassen. Die Personalien der Geschädigten wurden offenbar bereits durch den Wachdienst festgestellt, da im Sachverhalt bereits komplette Personalangaben vorhanden sind, ansonsten sind die Personalien von Frau Peksoy nach § 163b StPO festzustellen. Sodann ist Frau Peksoy als Zeugin nach § 52 StPO, § 55 StPO i.V.m. § 163 Abs. 3 StPO zu be-

85 Die Ausführungen zum Sachbeweis wurden hier auf die wesentlichen zu erwartenden Spuren beschränkt, sicherlich wären Ausführungen zu weiteren ggf. zu erwartenden Spuren (z.B. Schuhabdruckspuren) möglich. Ausführungen zur vom Täter getragenen Skimaske wurden hier nicht gemacht, denn nach Lage des Sachverhaltes steht eine Ermittlung des bislang unbekannten Täters nicht unmittelbar bevor.

lehren. Bei der Geschädigten ist zu prüfen, inwieweit sie den Belastungen einer Vernehmung gewachsen ist. Zu beachten ist bei ihrer Vernehmung u.a.: [86]

- Recht auf Anwesenheitsrecht einer Vertrauensperson (wenn diese nicht selbst Zeugin ist).
- Das Recht von einer Frau vernommen zu werden, wenn sie es wünscht und es vor Ort geleistet werden kann.
- Die Vernehmung ist zunächst auf die wesentlichen Aspekte, die für eine sachgerechte Tatortaufnahme und Spurensuche erforderlich sind, zu beschränken.

Wesentliche erste Vernehmungsaspekte sind u.a.:

- Beschreibung des Täters (Bekleidung, Größe, Statur, ...).
- Konkreter Wortlaut der Drohung.
- An welchen genauen Örtlichkeiten spielte sich genau welcher Teil des Tatgeschehens ab?
- Welche Gegenstände wurden durch den Täter angefasst?
- Herkunft des Smartphones und der Präservative.
- Wo genau kam es zu engeren Kontakten zwischen Täter und Opferbekleidung?
- Konnte die Geschädigte erkennen, ob der Täter im Rahmen der Tatausführung eine Verletzung erlitten hatte und, wenn ja, wo und wie umfangreich?
- Konkrete Beschreibung der körperlichen Gegenwehr durch das Opfer.
- Wurden durch die Geschädigte Veränderungen am Tatort vorgenommen, falls ja, welche?

Es ist darauf zu achten, dass die Vernehmung der Geschädigten getrennt von Herrn Müller erfolgt, um eine unbeeinflusste Zeugenvernehmung zu erlangen.

Soweit die Arbeitsauslastung der Kriminalwache und die Verfassung der Zeugin dies zulassen, kann, nach Abschluss der Tatortaufnahme, eine umfassende Protokollvernehmung auf der Dienststelle erfolgen. Diese Vernehmung muss dann aber so ausgestaltet sein, dass eine erneute Vernehmung am Folgetag entbehrlich ist.

Von den erlittenen Verletzungen der Geschädigten sind, im Rahmen einer körperlichen Untersuchung nach § 81c StPO, Lichtbilder zu fertigen. Zur Rekonstruierbarkeit des Umfangs und der Größe der erlittenen Verletzungen ist hierbei ein Maßstab oder ein anderer Gegenstand von definierter Größe anzuhalten. Weiterhin kommt die Begutachtung der Verletzung durch einen Facharzt zur Erstellung eines Sachverständigengutachtens in Betracht. In diesem Gutachten sind Aussagen über Entstehung, Alter und Umfang der Verletzung zu machen. Für die Erstellung des Gutachtens scheidet grundsätzlich der behandelnde Arzt aus. Sollte die Geschädigte mit diesen Maßnahmen nicht einverstanden sein, so sind sie durch einen Richter anzuordnen. Sollte ein Richter nicht erreichbar sein, so kann die Anordnung auch durch Ermittlungsbeamte der Staatsanwaltschaft erfolgen. Da Verletzungen keine statischen Erscheinungen sind, sondern Farbe, Form und Ausmaß sich dynamisch entwickeln, liegt hier Gefahr im Verzuge vor. Die Geschädigte ist über die Notwendigkeit der Maßnahme aufzuklären, da eine

86 „Bearbeitung von Straftaten gegen die sexuelle Selbstbestimmung", RdErl. des IM NRW vom 03.02.2004 - 42 -6503 (MBl. NRW. S. 229), Ziffern 2.3, 2.4, 4.3, 4.5.

Kooperation der Geschädigten zur Erlangung optimaler Untersuchungsergebnisse unumgänglich ist. [87]

Die Opferbekleidung wird nach § 94 StPO sichergestellt. Hierbei wird jedes Kleidungsstück einzeln in Papiertüten verpackt. Beim Zusammenlegen der Kleidungsstücke sind Papierbögen als Zwischenlage zu verwenden, um eine Verlagerung von Mikrospuren zu verhindern. Über die Sicherstellung ist der Geschädigten ein Protokoll (NW 10) auszuhändigen.

Bei der Gegenwehr können unter die Fingernägel der Geschädigten Hautpartikel des Täters gelangt sein. Der Fingernagelschmutz ist durch Auskratzen oder Ausreiben der Fingernägel für jeden einzelnen Finger separat zu sichern und zu verpacken. Bei dieser Maßnahme handelt es sich gleichfalls um eine körperliche Untersuchung.

Entweder jetzt oder zu einem späteren Zeitpunkt müssen noch Vergleichsfingerabdrücke und DNA-Material der Geschädigten genommen werden.

Bei dem Zeugen Egon Müller sind, soweit noch nicht geschehen, die Personalien nach § 163b StPO festzustellen. Weiter ist Herr Müller als Zeuge nach § 52 StPO, § 55 StPO i.V.m. § 163 Abs. 3 StPO zu belehren. Sodann ist Herr Müller, getrennt von der Geschädigten zu vernehmen. Wesentliche Vernehmungsschwerpunkte bei Herrn Müller sind u.a.:

- Wie/Wodurch ist er auf die Tat aufmerksam geworden?
- Beschreibung des Täters (Größe, Statur, Bekleidung, ...).
- Nähere Umstände seines Eingreifens.
- Fluchtverhalten des Täters.
- Was hat ihm die Geschädigte über den Tatablauf bis zum Eintreffen der Polizei erzählt?
- Wurden durch Herrn Müller Veränderungen am Tatort vorgenommen, falls ja, welche Veränderungen?

Sollte sich aus der Aussage von Herrn Müller ergeben, dass es zu einer körperlichen Auseinandersetzung zwischen ihm und dem Täter gekommen ist, so ist bei Herrn Müller gleichfalls der Fingernagelschmutz (wie zuvor beschrieben) zu sichern.

Sollte es zu einem Kontakt der Bekleidung des Täters mit Kleidungsstücken von Herrn Müller gekommen sein, so ist die Bekleidung von Herrn Müller ebenfalls (wie zuvor beschrieben) sicherzustellen.

Von Herrn Müller sind Vergleichsfingerabdrücke zu nehmen.

Zur Erhebung des weiteren Tatbefundes ist eine intensive Tatortaufnahme durchzuführen. Zur Tatortaufnahme besteht in der Praxis grundsätzlich das Einverständnis der Geschädigten. Sollte dies nicht vorliegen, so kann die Tatortaufnahme gegen den Willen der Geschädigten auf § 103 StPO gestützt werden. Hierzu sind u.a. folgende Maßnahmen durchzuführen bzw. zu veranlassen:

Von dem gesamten Tatort sind Übersichtsaufnahmen zu fertigen. Spuren sind zunächst in einer Übersichtsaufnahme festzuhalten, sodann mit angelegtem Maßstab im Detail zu fotografieren. Bis zum Abschluss der Spurensicherung ist

87 „Bearbeitung von Straftaten gegen die sexuelle Selbstbestimmung", RdErl. des IM NRW vom 03.02.2004 - 42 -6503 (MBl. NRW. S. 229), Ziffern 5.3 und 5.4.

in der Wohnung entsprechende Tatortbekleidung (Einweg-Overall mit Kapuze, Mundschutz) zu tragen.

Das gesamte Treppenhaus und der direkte Eingangsbereich des Hauses sind nach weiteren möglichen Spuren des Täters abzusuchen. Ggf. sichtbare Schuhspuren vor der Wohnungstüre oder dem Sicherungskasten sind zu fotografieren (mit Maßstab) und mit Gel-Folie abzuziehen.

Mögliche daktyloskopische Spuren am und im Zählerkasten sind mittels Adhäsionsverfahren (Rußpulver) sowie ggf. an weiteren Orten im Treppenhaus und den Zugängen zum Treppenhaus zu suchen und zu sichern.

Die Hebelspuren an dem Sicherungskasten sind mit angelegtem Maßstab zu fotografieren und anschließend mittels Abformmasse zu sichern.

Gleichfalls sind an der Wohnungseingangstüre mögliche daktyloskopische Spuren und Ohrabdruckspuren mittels Adhäsionsverfahren zu suchen und zu sichern. Weiterhin sind die Innenseite der Wohnungstüre, der Flur der Wohnung und das Tatzimmer intensiv nach Fingerspuren abzusuchen.

Die Tatwaffe wurde durch den Täter unzweifelhaft angefasst, sie ist daher auch mit dem täterspezifischen Geruch kontaminiert. Zur Verfolgung/Rekonstruktion des Fluchtweges des Täters kann über die Landesleitstelle ein Mantrail-Hund (falls verfügbar) angefordert werden.

Das Tatmesser ist sowohl als Beweismittel nach §§ 94, 98 StPO sowie als Einziehungsgegenstand nach § 74 StGB i.V.m. §§ 111b und 111e StPO zu beschlagnahmen . Vor einer Lageänderung der Tatwaffe sind entsprechende Übersichts- und Detailaufnahmen zu fertigen. An der Tatwaffe befinden sich eventuell noch Fingerspuren des Täters und auch Blutanhaftungen. Das Messer ist als Spurenträger komplett zu sichern. Die optimale Sicherung von Fingerspuren auf Metall erfolgt mittels Bedampfungsverfahren, dies ist hier vor Ort nicht anwendbar. Bei der Verpackung ist darauf zu achten, dass die Blutspuren nicht verschmieren und eventuelle Fingerspuren zerstören.

Die Packung Präservative ist in der Auffindungssituation zu fotografieren und sodann komplett als Beweismittel und Einziehungsgegenstand zu beschlagnahmen. Die Untersuchung auf Fingerspuren erfolgt – wie zuvor beschrieben – auf der Dienststelle mittels Bedampfungsverfahren.

Der eingerissene Damen-Slip ist, nach fotografischer Dokumentation der Auffindungssituation, in einer Papiertüte zu asservieren.

Die Matratze der Jugendliege ist mittels Mikrospurenfolie zur Faserspurensicherung abzukleben.

Das aufgefundene Smartphone ist als Träger von Fingerspuren, digitalen Spuren und ggf. DNA-Spuren anzusehen. Das Smartphone befindet sich laut Sachverhaltsschilderung offenbar im eingeschalteten Zustand. Das Gerät ist nicht auszuschalten und das Display des Gerätes ist abzufotografieren. Hierbei ist festzuhalten, ob und ggf. welche Anwendungen aktiv sind und welche Netzwerkverbindung eventuell besteht. Eigene Ausleseversuche sind zu unterlassen. Das Smartphone ist dann, zum Schutz weiterer Spuren (Fingerspuren), als Spurenträger in eine Papiertüte zu verpacken. Anschließend ist das Smartphone mit Alufolie abzuschirmen (in eine komplette Rolle Alufolie einpacken). Auf der Dienststelle ist zu prüfen ob ggf. im Kreise der Kolleginnen und Kollegen ein passendes Ladegerät verfügbar ist, um zunächst den Akku weiter zu laden.

Durch weitere Kräfte sollten die folgenden Maßnahmen durchgeführt werden:

Die Kanal-Apotheke ist aufzusuchen und deren Öffnungszeiten sind zu ermitteln sowie eine Erreichbarkeit des Inhabers. Sollten dort noch Mitarbeiter bzw. der Inhaber erreicht werden, so sind erste Ermittlungen zu den dort gekauften Präservativen durchzuführen.

Die übrigen Hausbewohner und die Bewohner der Nachbarhäuser mit Blick auf den Hauszugang und das dahinter befindliche Parkplatzgelände sind zu möglichen tatrelevanten Beobachtungen zu befragen.

Absuche des hinter dem Haus gelegenen Parkplatzes und der dort befindlichen Müllbehältnisse, sowie Absuche des Nahbereichs vor dem Haus und der dort befindlichen frei zugänglichen Müllbehältnisse.

Nach Abschluss der Tatortaufnahme sind auf der Kriminalwache folgende administrative Arbeiten zu erledigen/durchzuführen:

- Grunddatensatzeingabe ins Vorgangsbearbeitungssystem,
- Tatortbefundbericht nach Gliederungsschema,
- Fertigung NW 1,
- Fertigung der entsprechenden Sicherstellungsprotokolle NW 10 und Aushändigung einer Ausfertigung an die betroffenen Personen,
- Bildbericht,
- Fertigung einer Tatortskizze oder Hinzuziehung von Gebäudegrundrissen
- Spurensicherungsberichte fertigen,
- Asservierung der sichergestellten Gegenstände.

Zu den Autoren

Christoph Frings, geb. 1961 in Solingen, Kriminaldirektor,
Dozent an der Fachhochschule für öffentliche Verwaltung (FHöV) NRW an der Abteilung Duisburg für Kriminalistik und Kriminaltechnik.

Seit 1981 Polizeivollzugsbeamter, 1983 – 1986 Einsatzhundertschaft und Wachdienst im PP Wuppertal, 1986 – 1989 Ausbildung zum gehobenen Dienst (Kriminalpolizei), 1989 – 1990 Kriminalpolizeilicher Sachbearbeiter für Eigentumsdelikte in Köln, 1990 – 1995 Kriminalpolizeilicher Sachbearbeiter für Sexualdelikte, Waffendelikte und Todesermittlungen in Solingen, 1995 – 1997 Ausbildung höherer Dienst an der Polizeiführungsakademie (jetzt DHPol) in Hiltrup, 1997 – 2002 Leiter Polizeiinspektion Süd im Landrat Mettmann. Seit 2002 Dozent an der FHöV NRW, Abteilung Duisburg für Kriminalistik und Kriminaltechnik. Örtlicher Fachkoordinator für Kriminalistik und Kriminaltechnik.

Frank Rabe, geb. 1962 in Duisburg, Kriminalhauptkommissar,
1982 Beginn der polizeilichen Laufbahn über die Schutzpolizei, 1991 mit Bestehen der II. Fachprüfung Laufbahnwechsel zur Kriminalpolizei und Spezialisierung zum kriminaltechnischen Sachverständigen.

Seit 1994 nebenamtliche Lehrtätigkeit an der FHöV NRW, langjährige Mitgliedschaft in einer Prüfungskommission für den Diplomstudiengang, aktuell Prüfer und Gutachter im Bachelorstudiengang.

Mitentwickler der digitalen Beweisfotografie in NRW, seit 2000 regelmäßige Vortragstätigkeit für das LAFP und Veröffentlichung von Fachartikeln. Vertreter des Fachbereiches ED/KTU in der 2007 ins Leben gerufenen Fachkommission zur Planung und Verwirklichung von IT-Verfahren in NRW (FakoIT).

Prozessverantwortlicher für die Akkreditierung des daktyloskopischen Labors bei der KTU Duisburg (KUAN).

Quellenverzeichnis

Ackermann / Clages / Roll: Handbuch der Kriminalistik, 4. Auflage, Boorberg Verlag, Stuttgart 2011

AK II der Innenminsterkonferenz; Projektgruppe „Digitale Bildaufnahme und Übertragung“ (Hrsg.): gleichnamige Rahmenrichtlinie vom 03.08.2005

Amerkamp: Spezielle Spurensicherungsmethoden, 2. Auflage, Verlag für Polizeiwissenschaft, Frankfurt 2008

Anders / Bratzke / Gotthardt / Parzeller (Hrsg.): Die Bearbeitung von Tötungsdelikten, Boorberg Verlag, Stuttgart 2006

Berthel / Mentzel / Neidhardt / Schröder / Spang / Weihmann: Grundlagen der Kriminalistik/Kriminologie, Lehr- und Studienbriefe Kriminalistik/Kriminologie, Band 1, 3.Auflage, Verlag Deutsche Polizeiliteratur, Hilden 2008

Buddenbrock: Mantrailing für den Realeinsatz, Kynos Verlag, Nerdlen/Daun 2006

Bundeskriminalamt (Hrsg.): Anleitung Tatortarbeit – Spuren (Stand der Einsichtnahme: 08/2015)

Bundeskriminalamt (Hrsg.): ED-Richtlinien Stand 15.06.2010, BKA-Blatt 97/2010 vom 25.08.2010

Bundeskriminalamt (Hrsg.): Leitfaden 385 (überholt durch ATOS)

Bundeskriminalamt, Referat KI 32 (Hrsg.): Standard des daktyloskopischen Identitätsnachweises, Stand Juni 2010

Cicha: Die Ermittlung von Brandursachen, 2. Auflage, Boorberg Verlag, Stuttgart 2013

Clages: Polizeiliche Tatortarbeit, in: Kriminalistik 2/2002 – 8-9/2002

Clages / Zimmermann: Kriminologie, 2. Auflage, Verlag Deutsche Polizeiliteratur, Hilden 2010

Deutsches Institut für Normung e.V. (Hrsg.): DIN 8580: 2003-09

FHDI: http://www.fhdi.co.uk/equipment.html. (Aufruf 25.02.2016) (Bildquelle)

Hirschi: Identifizierung von Ohrabdruckspuren, in: Kriminalistik 2/1970, S.75–79

Holzmann: Brandermittlung, Lehr- und Studienbriefe Kriminalistik/Kriminologie, Band 10, Verlag Deutsche Polizeiliteratur, Hilden 2008

Innenministerium NRW: Aufgaben der Polizei bei Verkehrsunfällen, RdErl. vom 25.08.2008 - 41 - 61.05.01 - 3 - (MBl. NRW. S. 470), zuletzt geändert durch RdErl. vom 18.12.2012 (MBl. NRW. S. 742)

Innenministerium NRW: Bearbeitung von Straftaten gegen die sexuelle Selbstbestimmung, RdErl. vom 3.2.2004 - 42 – 6503 (MBl. NRW. S. 229)

Innenministerium NRW: Kriminaltechnische Untersuchungsstellen und Nachrichtensammelstellen, RdErl. vom 06.07.1993 –IV D1-6403 (MBl. NRW. S. 1282; Ber. S. 1679), geändert durch RdErl. vom 03.01.2008 (MBl. NRW. S. 12)

Innenministerium NRW: Schusswaffenerkennungsdienst, RdErl. vom 13. 01.1993 -IV D I - 6403 (MBl. NRW. S. 314)

Intrapol.polizei.nrw.de/Kriminalitaet/Kriminaltechnik/DNAAnalyse/Seiten/Referenzdat.aspx, 14.07.2015

Katterwe/Brandes/Eisgruber/Grimmer/Küppers/Marquardt/Pohl: Harmonisierte Befundbewertungsskala für kriminaltechnische Untersuchungen, in: Kriminalistik 12/2007, S. 745–750

Kindhäuser: Strafprozessrecht, 3. Auflage, Nomos Verlagsgesellschaft, Baden-Baden 2013

Kirchhoff: IUK-Kriminaltität (Cyberkriminalität), in Kriminalistik 7/2013, S. 491–495

Kramer: Grundlagen des Strafverfahrensrechts, 8. Auflage, Verlag W. Kohlhammer, Stuttgart 2014

Krekler/Löffelmann/Sommer: Anwaltkommentar Strafprozessordnung, 2. Auflage, Deutscher Anwalt Verlag, 2010

Landesamt für Zentrale Polizeiliche Dienste (LZPD) NRW 2010: Fast-ID

Landeskriminalamt Nordrhein-Westfalen: Cybercrime in Nordrhein-Westfalen – Lagebild 2013, Düsseldorf 2014

Landeskriminalamt Nordrhein-Westfalen, Dezernat 55.2: Infoblatt Stand 04/2009

Landeskriminalamt Nordrhein-Westfalen, Dezernat 56.2: AFIS

Lorra/Jaeger: Laserscanner können Tatortarbeit revolutionieren, in: der kriminalist 12/2004, S. 479–484

Mätzler: Todesermittlung – Polizeiliche Aufklärungsarbeit Grundlagen und Fälle, 4. Auflage Kriminalistik Verlag Heidelberg 2009

Meyer-Goßner/Schmitt: Beck'scher Kurzkommentar zur Strafprozessordnung, 58. Auflage, Verlag C.H. Beck, München 2015

Ministerium für Inneres und Kommunales NRW: Bekämpfung der Kriminalität unter Nutzung von Informations- und Kommunikationstechnik durch die Polizei des Landes Nordrhein-Westfalen (Bekämpfung der IuK-Kriminalität), RdErl. vom 29.02.2012 - 423-62.18.09 - (MBl. NRW. 2012 S. 139)

Ministerium für Inneres und Kommunales NRW: Erl. vom 26.04.2013 – 422-62.09.09

Ministerium für Inneres und Kommunales NRW: Erl. vom 12.05.12014 – 405-25.09.05

Möllers (Hrsg.): Wörterbuch der Polizei, 2. neu bearbeitete Auflage, Verlag C.H. Beck, München 2010

Musch Studiotechnik GmbH, D-63322 Rödermark (Hrsg.): Produktblatt

Polizei-Fach-Handbuch, Loseblattsammlung, Verlag Deutsche Polizeiliteratur, Hilden

Polizeipräsidium Essen/KK 43.1-Daktyloskopie (Hrsg.): Begleitmaterial zum Lehrgang „KP 2“ (Daktyloskopische Identifizierung) 1992, Gutachten

Projectina AG: http://www.projectina.ch (Aufruf: 25.02.2016) (Bildquelle)

Rat der Europäischen Kommission: Rahmenbeschluss 2009/905/JI vom 30.11.2009 über die Akkreditierung von Anbietern kriminaltechnischer Dienste, die Labortätigkeiten durchführen

Roll: Tatortarbeit, Lehr- und Studienbriefe Kriminalistik/Kriminologie Band 8, 2. Auflage, Verlag Deutsche Polizeiliteratur, Hilden 2013

Schmickler / Brings / Schlotmann: Technische IT-Konzeption LR Neuss vom 23.12.2006, veröffentlicht Intranet Polizei NRW

Schacht / Bopp / Frese: Praktische Eigensicherung, 4. Auflage, Verlag Deutsche Polizeiliteratur, Hilden 2003

Weber-Lehmann / Schilling / Gradl / Richter / Wiehler / Rolf: Finding the needle in the haystack: Differentiating "identical" twins in paternity testing and forensics by ultra-deep next generation sequencing, in: Forensic Science International: Genetics 09/2014, S. 42–46

Wirth (Hrsg.): Kriminalistik Lexikon, Kriminalistik Verlag, Heidelberg 2011

Wueller, Dietmar (Dipl. Ing.): Richtlinien für die Erstellung und Verwendung elektronischer Stehbilder (2003), http://docplayer.org/2116897-Verwendung-elektronischer-stehbilder-digitaler-fotografien.html (Aufruf 26.11.2015)

Abbildungsverzeichnis

Abb. 1: Verwendete Tatwaffe mit blutsuspekten Anhaftungen an Klinge und Messergriff 7
Abb. 2: Handschuhspur 10
Abb. 3: Scherbe einer eingeschlagenen Scheibe 11
Abb. 4: Schließzylinder 12
Abb. 5: Glasscherben 12
Abb. 6: Blausäcke 13
Abb. 7: Müllsäcke mit „Strichcode" 14
Abb. 8: Faltenwurf und Abnutzung einer Jeans 15
Abb. 9: Körperzellenhaltiges und Zellen übertragendes Material 17
Abb. 10: DNA-Identifizierungsmuster mit 17 untersuchten Systemen 18
Abb. 11: Blutspritzer 19
Abb. 12: Bluttropfen 20
Abb. 13: Eingeblutetes T-Shirt 20
Abb. 14: Teppich mit verwaschenen Blutspuren 26
Abb. 15: Teppich nach Einsatz von Leukomalachitgrün 26
Abb. 16: LumiScene auf blutiger Fliese bei Dunkelheit 27
Abb. 17: LumiScene auf blutiger Fliese bei Dunkelheit, Foto bei Dunkelheit und Tageslichtaufnahme ineinanderkopiert 27
Abb. 18: Forensik-Abstrichtupfer 30
Abb. 19: DNA-Identifizierungsmuster der Blutspur, des Beschuldigten und der Geschädigten 33
Abb. 20: Haar mit Wurzel (rechtsseitig) in starker Vergrößerung 35
Abb. 21: Lose aufliegende textile Faser in starker Vergrößerung 39
Abb. 22: Topografisches Abkleben mittels Mikrospurenfolie 40
Abb. 23: Mikrospurenfolie mit anhaftenden Fasern und Einzelhaar 41
Abb. 24: Spuren bei Gebrauch einer Schusswaffe 45
Abb. 25: Gezogener Waffenlauf einer Pistole 46
Abb. 26: Pistole Walther P 99 48
Abb. 27: Pistole Walther P 99 48
Abb. 28: Kriminaltechnische Untersuchung von Tat- und Verdachtswaffen in NRW 53
Abb. 29: Patrone Kal. 9 x 19 56
Abb. 30: Patrone Kal. 9 x 19 57
Abb. 31: Hülsenauswurf nach Schussabgabe aus einer halbautomatischen Selbstladepistole 57
Abb. 32: Patronenhülse Kal. 9 x 19 mm 58
Abb. 33: Patronenhülse Kal. 9 x 19 mm 58
Abb. 34: Kriminaltechnische Untersuchung von Tatmunition in NRW 61
Abb. 35: Auswertefähiges Geschoss mit Deformationsspuren 62

Abb. 36: Teilzerstörtes, jedoch noch auswertefähiges Geschoss ... *62*

Abb. 37: Teilzerstörtes, jedoch noch auswertefähiges Geschoss ... *63*

Abb. 38: Auswertefähig erhaltene Splitter des Geschossmantels ... *63*

Abb. 39: Schrotmunition ... *66*

Abb. 40: REM-TAP Spurensicherungsträger ... *70*

Abb. 41: Spurensicherung mittels REM-TAP ... *71*

Abb. 42: Abkleben der Handoberseite mittels schwermetallfreier Klebefolie ... *72*

Abb. 43: Abkleben der Handinnenseite mittels schwermetallfreier Klebefolie ... *72*

Abb. 44: GSR-Spurensicherung mittels PVAL-Verfahren nach Trocknung des Spurenträgers ... *73*

Abb. 45: Einschuss ... *74*

Abb. 46: Ausschuss ... *75*

Abb. 47: Vorhalten eines Geruchsspurenträgers ... *82*

Abb. 48: Zubehör für eine Duftkopie ... *83*

Abb. 49: Fertigung einer Duftkopie durch Einrollen des Messers ... *83*

Abb. 50: Eingeschweißte Duftkopie ... *84*

Abb. 51: Fluoreszenzpulver und Silbernitrat ... *90*

Abb. 52: Fluoreszenzpulver unter UV-Licht ... *91*

Abb. 53: Spuren von Silbernitrat nach Tauchen in Fotoentwickler ... *92*

Abb. 54: Digitale Beweismittel ... *97*

Abb 55: Auslesegerät für Fahrzeugdaten ... *97*

Abb. 56: Programmierbarer Schlüsselrohling ... *98*

Abb. 57: Gebräuchliche digitale Datenträger ... *98*

Abb. 58: Beweiserhebliche Daten ... *99*

Abb. 59: Spuren bei Bränden ... *107*

Abb. 60: Brandzehrung an Holzbalken ... *110*

Abb. 61: Rußablagerungen ... *111*

Abb. 62: Putzabplatzungen ... *111*

Abb. 63: Brandtrichter ... *112*

Abb. 64: Lachen- oder landkartenartige Abbrandspur durch flüssigen Brandbeschleuniger ... *114*

Abb. 65: Photoionisationsdetektor zur Auffindung von Brandbeschleuniger ... *116*

Abb. 66: Spurensuche und Spurenuntersuchung bei Bränden Ziff. 5.2 ... *116*

Abb. 67: Mehrschichtfolienbeutel ... *117*

Abb. 68: Gaschromatograph zur Untersuchung von Brandschuttproben ... *117*

Abb. 69: Kurzübersicht zu Brandspuren an Personen ... *118*

Stichwortverzeichnis

A
Abstreifring 75
Allele 18
Anschmelzspuren 41
Anzündsatz 56
Ausschuss 74

B
Bakteriette 29
Blutherkunftsbestimmung 21
Blutspur 21
Brand 106
Brandbeschleunigungsmittel 114
Brandherd 106
Brandlegungsmittel 114
Brandobjekt 106
Brandort 106
Brandtrichter 112
Brandzehrung 110

C
Computerkriminalität 94
Cybercrime 94

D
DNA-Analyse-Datei (DAD) 34
Durchschuss 74

E
Einschuss 74
Eliminationsverfahren 108
Epithelzellen 21

F
Fangmittel 87
Fasern 38
Faserspurenkollektiv 39
Flammpunkt 114
Forensic Swab 30
Funktionsbeschuss 54

G
Geruchsspuren 78
Geschoss 62
Glasbruch 11

H
Haare 34
Handschriften 85
Handschriftenvergleich 85
Handschuhspuren 10
Haut 21
Hornmaterial 21
Hülse 57
Hunde 78

I
Isotopenanalyse 22
IUK-Kriminalität 94

K
Kontusionsring 75
Kontusionssaum 75
Körperzellenhaltige Spuren 17
Kot 21
KP 27 52

L
Leitsachverhalt 7
Luminol 25

M
Mikrospuren 39
Munition 56

N
Nasensekret 21
Ninhydrin 25

P
Passstücke 13
Putzabplatzung 111
PVAL-Verfahren (Polyvinylalkohol-Lösung) 70

R
REM-Tabs 70

S
Scheidensekret 21
Schriften 85
Schriftgutachten 85

Schrotgeschosse 66
Schürfsaum 75
Schussentfernungsbestimmung 76
Schusshand 69
Schusskanal 78
Schussrichtungsbestimmung 78
Schussrückstände (GSR) 68
Schussspuren 44, 68
Schusswaffen 45
Schusswaffenspuren 44
Sekrete 21
Serologische Spuren 17
Sonstige Formspuren 10
Sonstige Materialspuren 44
Speichel 21
Sperma 21
Sprecherkennung 86
Spürhunde 78
Steckschuss 74
Stimmanalyse 86
Stimmen 86
Stimmenvergleich 86

T

Tape-Lift-Technik 70
Tatortbefundbericht 119
Tatortmunitionssammlung 49
Tatwaffe 47
Treibmittel 56

U

Unmittelbarer Nahschuss 76
Urin 21

V

Vegetationsspuren 43
Verdachtswaffe 47
Verfeuerungsnachweis 49
Vergleichsbeschuss 54
Vortest 25

W

Waffenmeldung 52
Waffensystembestimmung 49